少年读史系列

少年读
资治通鉴

刘娟 ◎ 著

2·秦朝

人民文学出版社

图书在版编目(CIP)数据

少年读《资治通鉴》. 2，秦朝/刘娟著. —北京：
人民文学出版社，2021(2025.1 重印)
(少年读史系列)
ISBN 978-7-02-016873-6

Ⅰ. ①少… Ⅱ. ①刘… Ⅲ. ①中国历史-古代史-编
年体②《资治通鉴》-少年读物 Ⅳ. ①K204.3-49

中国版本图书馆 CIP 数据核字(2020)第 251741 号

责任编辑 朱卫净 邱小群
装帧设计 李 佳

出版发行 人民文学出版社
社 址 北京市朝内大街 166 号
邮政编码 100705

印 制 上海盛通时代印刷有限公司
经 销 全国新华书店等

字 数 53 千字
开 本 890 毫米×1240 毫米 1/32
印 张 4
版 次 2021 年 8 月北京第 1 版
印 次 2025 年 1 月第 17 次印刷

书 号 978-7-02-016873-6
定 价 35.00 元

如有印装质量问题，请与本社图书销售中心调换。电话：010－65233595

为响应国家关于"传承发展中华优秀传统文化，增强国家文化软实力"的伟大战略，将博大精深的中华传统文化普及到少年儿童群体中，我们倾力打造"少年读史"系列图书，最先推出的便是这套《少年读〈资治通鉴〉》。

《资治通鉴》是一部卷帙浩繁的大部头史书，虽已经司马光之手，"删削冗长，举撮机要"，但仍"网罗宏富，体大思精"，令人望而生畏。为了让孩子们读懂并喜欢上它，我们精心制作了这套《少年读〈资治通鉴〉》。

《少年读〈资治通鉴〉》共 20 册，是一套连续的历史故事集，通过 311 个引人入胜的历史故事，鲜活地演绎了从周威烈王二十三年（公元前 403 年）到五代后周世宗显德六年（公元 959 年）共 1362 年的朝代更替、历史兴衰、人事沧桑。

考虑到少年儿童的阅读兴趣与特点，在尊重历史的大前提下，这套书对史料进行了科学的剪裁，用通俗易懂的语言，通过大量的人物对话，模拟事件发生的场景，把历史上的重要人物和重大事件生动地呈现出来，让少年儿童在增长历史知识的同时，又享受到阅读的乐趣。

为了避免让整个历史读起来碎片化，这套书尤其注重历史事件的连续性和系统性，讲究由小故事串起大事件，用大事件演绎大时代。故事与故事之间，相互承传、次序分明，有条不紊地把历史推向纵深，帮助少年儿童真实、立体地感知历史发展的脉络。

此外，这套书还针对重要的历史地名（官职），做了相应的注释，帮助少年儿童从空间坐标上更好地理解时间坐标上的历史。

历史学家钱穆先生曾经说过这样的话："任何一国之国民，尤其是自称知识在水平线以上之国民，对其本国已往历史，应该略有所知。否则最多只算一有知识的人，不能算一有知识的国民。"

有鉴于此，我们希望通过这套《少年读〈资治通鉴〉》，帮助我们的孩子更好地了解中国历史，学习中国传统文化，做一个真正的中国人。

吕不韦奇货可居

公元前 267 年，在魏国做人质的秦国太子悼死在了魏国。两年后，秦昭襄王立次子安国君为太子。

安国君有二十多个儿子，但没有一个是他最宠爱的华阳夫人生的。有一位排行中间的儿子，名叫异人，因生母夏姬不受安国君宠爱，被送到赵国做人质。秦国多次攻打赵国，赵国人因此对他很不友善。异人又因为是秦昭襄王的庶孙，不受重视，秦国提供给他的日常用度不多，因此生活窘困，郁郁不得志。

阳翟^①有个商人叫吕不韦，经常往来于各地，低价

---

① 在今河南禹州市。

买进，高价卖出，积累了巨额财富。但是，吕不韦志向不在于此，他希望做一件惊天动地的大事。有一次，吕不韦到邯郸做生意，在街上碰到异人，见他虽然落魄，却丝毫不失贵人之气，暗暗称奇。一番打听后，吕不韦得知异人的身份，内心大喜："这是可以囤积起来卖好价钱的奇货呀！"

于是吕不韦前去拜访异人。异人请他进去后，他环视了一下异人简陋的住所，笑着说："公子受委屈了，我可以想办法提高您的门第！"

异人看着眼前的这位陌生人，见他一副商人打扮，也笑着说道："您还是先提高自己的门第吧！"

吕不韦笑了笑，说道："您不知道，我的门第要靠您的门第来提高。"

异人心中一动，见吕不韦一副讳莫如深的样子，知道他意有所指，便邀他坐下深谈。

吕不韦坐下后，推心置腹地对异人说："秦王老了，一旦驾崩，安国君即位，你们兄弟二十几人中，您排行中间，不受重视，又长期在赵国做人质，是很难和那些天天在他身边的兄弟们争夺太子之位的。"

吕不韦的话戳痛了异人。他想到自己的处境，禁不住垂泪道："当上太子，这是我从来不敢想的事啊。"

吕不韦说："公子不要难过，我有办法让您回国，并且当上继承人。"

异人顿时止住哭泣，吃惊地问道："您能让我回国？还当上继承人？怎么可能啊？"

吕不韦正色道："我听说安国君最宠爱华阳夫人，而华阳夫人没有儿子，所以可以从她身上下手。我吕不韦虽然不算富有，却愿意拿出千金为您去游说，让她收您为养子，然后立您为继承人。"

异人立即起身，下拜道："如果真能实现您说的计划，我愿意和您共享秦国的土地。"

吕不韦于是拿出五百金给异人，让他广交天下宾客，以抬高身价，又用五百金购置了很多珍宝，自己带着前往秦国游说。

通过引荐，吕不韦得以见到华阳夫人的姐姐。献上珍宝后，他对华阳夫人的姐姐说："现在您的家族因为华阳夫人受到安国君的宠爱而享受着荣华富贵，可一旦华阳夫人失宠，富贵荣华就会像天上的白云，一阵风吹来便四散而去。"

华阳夫人的姐姐很不高兴，反驳道："安国君对我妹妹的宠爱如东海之深，而我妹妹的美貌如春花之艳，怎么可能失宠呢？"

吕不韦一本正经地说道："靠容貌侍奉别人，年老色衰时，恩爱就会松弛。常言说母凭子贵，没有儿子的宠妃，地位是保不住的。现在夫人虽受到宠爱却没有儿子，一旦安国君继承王位，选定太子，太子将来登基，他的母亲自然就成为后宫之首，到那时，只怕华阳夫人的地位便要一落千丈了啊。"

华阳夫人的姐姐听了，不由得担忧起来，连忙问吕不韦："是啊，是啊，那可怎么办呢？"

吕不韦不紧不慢地说道："依我看，夫人要在诸子中选一个贤良孝顺的，收为自己的儿子，并请立为嫡子。眼下夫人正受宠，安国君必然听从。将来安国君登上王位之后，此子必为太子。这样，即便安国君百年之后，夫人的地位依然安如泰山，一生受到尊宠，这就是人们常说的一个举动就能得到万世的好处啊。您为什么不劝夫人早做安排？等到年老恩爱淡漠时，夫人即便想说一句话，怕也做不到了！"

华阳夫人的姐姐为难地问："安国君二十几个儿子，各有自己的生母，谁愿意被我妹妹收为养子呢？"

吕不韦这时才说出异人："我在赵国做生意时，经常听邯郸城的人称赞公子异人的贤名，我也曾慕名拜访过，但见他谦恭有礼，勤奋好学，有君子之风。每每谈及安国君和夫人，便伤心落泪，思念之情溢于言表。但他自知在诸子中排行中间，不得重视，如果夫人能将他收为养子，将来得以立为太子，异人就从无国变成有国，夫人也从无子变成有子。一旦将来异人登基为王，他肯定会感念夫人的恩德。到时候，夫人的尊贵自然不用说，就是您的家族也能跟着富贵万年啊！"

华阳夫人的姐姐听了很高兴，立刻进宫去见华阳夫人，把吕不韦的话悉数转告给她听了。

没有子嗣是华阳夫人的心头痛，她一直为此感到难过和不安，害怕将来没有好的结局，吕不韦的话无疑给了她希望。于是她常常寻找机会对安国君说："异人非常有才能，来来往往的人都称赞他。"又哭道："我不幸没有生儿子，想把异人收为自己的儿子，使后半辈子有个依靠！"

安国君怜惜她，便答应了，并与华阳夫人刻下玉符，约定立异人为太子，另外还派人给异人送去了丰厚的财物，并请吕不韦辅佐他。于是，异人的名声在各诸侯国中越来越响。

吕不韦有一位绝美而善舞的姬妾，因为出生在赵国，被后人称为赵姬。有一次，吕不韦在家里宴请异人。席间，异人见到赵姬，十分喜欢，便请求将此女赐给他。吕不韦假装动怒，不久又将她献给异人。一年后，赵姬生下了一个儿子，名叫嬴政，异人便把赵姬立为正室夫人。

公元前258年，赵国都城邯郸被秦兵围困时，赵国人想杀死异人，吕不韦拿出六百金送给看守，使异人得以脱身，逃到秦军大营，并最终回到秦国。

异人回到秦国后，吕不韦让他身穿楚国服装前去见华阳夫人。华阳夫人对他的打扮十分高兴，觉得他是个有心人，感动地说："我是楚国人啊！从今往后，我把你当作亲生儿子。"于是替异人更名为子楚。

公元前251年秋①，秦昭襄王去世，安国君即位，是为秦孝文王，华阳夫人为王后，立子楚为太子。

第二年冬，守孝一年的秦孝文王正式登上王位，但在位仅三天就去世了。子楚继位，为秦庄襄王，他尊奉嫡母华阳夫人为华阳太后，生母夏姬为夏太后。

秦庄襄王也没有忘记当年对吕不韦的承诺，他任命吕不韦为秦国的相国，封为文信侯，并把河南洛阳十万户人家封给他做食邑。

三年后，秦庄襄王去世，他的儿子嬴政即位，赵姬成为王太后。嬴政这时只有十三岁，尊吕不韦为"仲父"②，一切国家大事都由吕不韦决定。

---

① 公元前256年，周朝最后一位天子——周郝王联合各国抗秦失败后，亲自来到秦国，磕头谢罪，不久就驾崩了。周朝正式灭亡。
② 古代父亲的大弟弟称为"仲父"。这里是君王对宰相重臣的尊称。

2

猛虎在侧，谁敢安睡

公元前 247 年寒冬的一天，魏国都城大梁的上空布满了乌云，阴冷的寒风呼啸着，卷起阵阵尘土。突然，一阵急促的马蹄声从城外传来，声音越来越近，路上行人纷纷闪避。骑在马背上的是一名报信的士兵，他大汗淋漓，不停地挥动马鞭，直奔王宫。

王宫里，魏安釐王急得像热锅上的蚂蚁，不停地走来走去，他在等最新的战报。原来，邯郸之战几年后，秦国加快了东进的步伐，不停地进攻魏国，先是秦将王龁率军进攻魏国上党郡，攻取各城，接着秦将蒙骜率军占领了高都和汲县。这些天，魏军屡战屡败的消息不断传来，魏安釐王盼着今天能有好消息。

然而，信使带来的仍然是魏军节节败退的消息。一阵无力感袭来，魏安釐王跌坐在地上。

"怎么办？不能让魏国亡在我手里啊！可是谁能救魏国于此危难呢？"魏安釐王把文臣武将的名字都在心里过了一遍，却想不出谁能担此重任。苦苦思索了很久后，他脑海中闪过一个人。

"对！除了他，没有谁了！"魏安釐王长长地舒了口气，但紧接着又悬起了心："他会接受我的召唤吗？"

这个人便是十年前窃符救赵的信陵君、魏安釐王的弟弟魏无忌。当年，信陵君偷走兵符，杀死大将晋鄙，率八万魏兵解救了赵国。虽然魏安釐王最后原谅了弟弟，然而信陵君仍然不敢回国，与门下宾客留在了赵国，一待就是十年。

"不管怎么说，魏国是他的母国，国家有难，他不会坐视不管的。"想到这儿，魏安釐王立刻派人星夜兼程，前往赵国请信陵君回国抗敌。

信陵君得知魏国使者的来意后，断然拒绝了魏安釐王的诏令。他害怕回国后被判罪，并告诫他的门客们说："有胆敢给魏国使者通报消息的，一律处死！"好多门客都是当年追随信陵君背弃魏国来到赵国的，也害怕回去，再加上他的禁令，所以都不敢上前规劝。

毛公、薛公听说了此事，便相约前去劝说信陵君："公子您之所以在赵国备受敬重，名扬诸侯，是因为您的背后有强大的母国。如今魏国情势危急，而您却毫不顾惜，一旦秦军攻陷国都大梁，将您先祖的宗庙夷为平地，您当以何面目立在天下人的面前啊！"

毛公和薛公都是高士，毛公混迹在赌徒之中，薛公则隐居在卖酒人家。信陵君很想结识他们，便派人去请，结果两人躲起来，不肯相见。信陵君打听到他们的住址后，徒步前去拜访，才得以相见。此后三人经常同游，畅论天下。

所以二人的话还未说完，信陵君便已脸色大变，立即吩咐备车，带着一众门客赶回魏国。魏安釐王和信陵君兄弟俩十年未见，重逢时不禁相对落泪。魏安釐王随即任命信陵君为上将军，统率魏国军队，抵抗秦军。

信陵君立即派出几路使者，分别前往各国求援。各国听说信陵君重新回到魏国，并担任最高统帅，纷纷派兵援救魏国。

信陵君率领五国联军在黄河以西击败蒙骜的军队，蒙骜带着残部逃走。联军乘胜追击，结果遭到驻守管城的秦军的顽强抵抗。

信陵君打听到管城守将的父亲叫缩高，住在安陵国①，便派人去见安陵君说："如果你能把缩高送来，我将授给他五大夫的军职，并让他担任执节尉②。"

安陵君对信陵君的使者说："安陵是个小国，百姓不一定都服从我的命令，还是请使者自己前去对他说吧。"于是派了一个小官引导使者前往缩高的家里。

使者向缩高传达了信陵君的命令，缩高听后说："信陵君之所以这么抬举我，是为了让我出面去进攻管城。做父亲的攻城，做儿子的却守城，会被天下人耻

① 战国时魏国贵族的封国，在今河南鄢陵西北。
② 持符节（传达命令、征调兵将以及用于各项事务的一种凭证）的使臣。

笑的。况且我的儿子如果见到我就弃城投降，那便是背叛他的国君；做父亲的若是教儿子背叛，信陵君应该也不会赞成这种行为吧。请恕我不能从命！"

使者回报给信陵君。信陵君勃然大怒，又派使者到安陵君那里说："安陵虽然封赐给你，但还是魏国的国土。现在我攻取不下管城，若是秦军偷袭我，魏国就危险了。现在我命你生擒缩高，送到我这里！否则我就将调动十万大军开赴安陵城下。"

面对信陵君的威胁，安陵君从容地说："我的先祖成侯从魏襄王的手里接受了安陵这块封地，并亲手把太府中所藏的国法授给了我。国法上说：'臣子杀君王，子女杀父亲，这类罪行不在赦免之列。即使国家实行大赦，举城投降和临阵脱逃的人也都不能被赦免。'如今缩高拒绝接受您的任命，以成全他们的父子之义，而您却要我把缩高捆送到您那里去，如此便是要我做违背襄王的诏令和祖宗国法的事情啊。就算您杀了我，我也不敢执行您的命令！"

缩高听说后，对身边的人说："信陵君为人凶悍又刚愎自用，如果不满足他的要求，安陵城必被屠戮，不能因为我而拖累安陵国啊！"于是他来到使者居住的驿馆，当着使者的面拔剑自刎。

信陵君没想到缩高如此刚烈，得知他的死讯后，非常内疚，立刻改穿丧服，从正房迁到厢房住，表示最高的哀悼礼节，并派使者去向安陵君道歉："我真是个小人啊，为了攻取管城，对您说了一些不该说的话！"

最终信陵君还是拿下了管城，率军直抵函谷关。秦军紧闭关门，不敢出来，信陵君这才领兵还魏。这次合纵攻秦的胜利，使信陵君声威大震。

打了败仗，丢了管城，秦庄襄王很恼怒。秦国要东进，必须消灭魏国，而信陵君显然成了最大的障碍，必须先除掉他。

为了挑拨信陵君与魏安釐王的关系，秦庄襄王派人携带万金前往魏国，找到当年被信陵君所杀的晋鄙的门客，让他们不断地向魏安釐王进谗言："信陵君流亡国外十年，现在重新担任了魏国的大将，各诸侯国的将领都隶属于他，以致天下人只知道有信陵君这个人，而不知道还有魏王您啊。"魏安釐王本来就非常忌惮弟弟的威名，召他回来纯属无奈之举，听了这话心里又打起鼓来。

秦庄襄王又多次派人奉送礼物给信陵君，对他的胜利表示庆贺的同时，总要加上一句："您做了魏国国君没有啊？"

常言道：猛虎在侧，谁敢安睡？在魏安釐王看来，弟弟就是自己身边的一只猛虎，渐渐地，他开始防备起来，后来索性撤了信陵君的兵权，让别人统帅魏国军队。信陵君虽然问心无愧，但知道哥哥对自己越发忌惮，也感到心灰意冷，便以生病为由不再上朝。从此，他日夜饮酒作乐，把身体也搞垮了，四年后就死了。

这时，秦王嬴政已经即位，主政的相国吕不韦得到信陵君的死讯，就派蒙骜进攻魏国，一口气攻占了魏国的二十座城池。从此，秦国不断蚕食魏国领土。

3

春申君当断不断

公元前239年，富丽堂皇的楚国相国府里，一个衣着华丽、器宇轩昂的人正在大厅里皱着眉头，来回地踱着步子。他不是别人，正是楚国的相国、闻名天下的"战国四公子"之一——春申君黄歇。

当年，春申君率领楚军解救邯郸之危后，出兵攻打鲁国。鲁国在楚军的猛烈攻势下，不久就灭亡了。通过援赵灭鲁，春申君在各国中的威望大大提高。

但是，秦国在邯郸之战后养精蓄锐，不久又向赵、魏两国发起猛攻，一旦三晋之地被秦国拿下，其他各国随时都有可能被秦国吞并，合纵抗秦势在必行。于是，楚、赵、魏、韩、卫等国再次结成南北合纵联盟，共同讨伐秦国。当时，齐国孟尝君、赵国平原君、魏国信陵君都相继去世，春申君就负责主持合纵联盟的军务。

春申君率领五国联军浩浩荡荡直逼函谷关，没想到被秦军打得大败而逃。楚考烈王因此责怪春申君，认为他指挥不当。自此，春申君渐渐被楚考烈王疏远了。

门客朱英见春申君受了冷落，就安慰他说："人们认为楚国原本是一个强国，只是因为您执掌事务才衰弱下去了。我不这么看。先王在世时，秦国二十年里从不攻击楚国，是因为顾忌韩、魏两国，担心他们在后面搞鬼。但是，现在不同了。魏国朝不保夕，随时都会被秦国消灭，一旦魏国灭亡，秦国军队距离楚国的都城——陈都，就不过一百六十里了。"

春申君觉得他说得很有道理，就跑去说服楚考烈王将都城迁到寿春①。楚考烈王迫于形势，当年就迁都

---

① 今安徽寿县。

寿春。春申君随即去了他的封国吴地，仍行使相国的职权。

到了吴地后，春申君很想缓和与楚考烈王的关系，经常为此苦思冥想，这天也不例外，但思来想去，他始终想不出一个办法。

就在春申君心烦意乱来回踱步时，他的舍人李园从外面走了进来。李园是赵国人，前阵子告假探亲，超过了期限，所以特地前来解释。

李园对春申君说："齐国国君派使者求娶我的妹妹，我陪那位使者饮酒，所以耽误了归期。"

春申君随口一问："哦，已经下聘礼订婚了吗？"

李园答道："还没有。"

春申君心里一动：楚考烈王至今还没有继承人，为此，他进献了许多能生育的美女给楚考烈王，但她们始终没能为楚考烈王生下儿子。

李园的话给了春申君一线希望，他心想："齐国的国君想娶的女子一定美貌非凡，何不献给大王呢？说不定能生个男孩！"于是他问李园："可否让我见见你的妹妹呢？"

李园点点头，允诺尽快回去把妹妹接过来。原来，这个李园不简单，他早就想把妹妹献给楚考烈王，以谋求富贵，后来又担心楚考烈王不能生育，时间久了妹妹会失去楚考烈王的宠幸，自己的荣华富贵也长久不了。于是他想了一个迂回的办法，先投靠春申君。这次，他告假回赵国探亲，故意超过规定的时间才返回，目的就是要让春申君对他妹妹产生兴趣。

过了几天，李园果然把他妹妹从赵国接来。春申君一看，她貌若天仙，能歌善舞，说话也好听，喜欢得不得了，于是打消了献给楚考烈王的念头，自己纳为妾了。

两个月后，李园的妹妹便有了身孕。李园觉得时机到了，就让妹妹劝春申君将她献给楚考烈王。这天，李园的妹妹故作担忧地对春申君说："大王非常倚重您，即便是他的亲兄弟也比不上。您担任楚国的相国有二十多年了，可大王到现在还没个儿子，他一旦去世，继承王位的只会是他的兄弟。所谓一朝国君一朝臣，新的国君必定重用他自己的亲信，而且您长期执掌国事，肯定得罪过大王的这些兄弟，他们要是登上王位，您不但现在的地位保不住，还可能大祸临头呢。"

李园妹妹的话深深地触动了春申君，他叹了一口气，说："你说的这些我何尝不知道呢！只是一时找不到解决的办法啊。"

李园妹妹见春申君被说动，又柔声道："我倒有一个办法，不知道您愿意不愿意？现在我怀了您的孩子，但还没有人知道，而且我蒙您宠爱的时间也不长，如果您将我进献给大王，一定会得到他的宠幸。若蒙上天恩赐，我生下一个男孩，那么继位为王的就是您的儿子了。这样一来，楚国便全都是您的了。"

春申君听了很欢喜，就把李园的妹妹送出府，安置在馆舍中居住，派人谨慎地守护，然后向楚考烈王推荐她。

生子心切的楚考烈王一听，立即把李园的妹妹召入宫中，并且很宠爱她。八个多月后，李园的妹妹果然生了个儿子，楚考烈王大喜过望，当即立为太子，并立李园的妹妹为王后。

从此，李园的地位也跟着显赫起来，但是他害怕春申君把整件事情泄漏出去，便暗中豢养死士，伺机杀春申君以灭口。楚国都城不少人知道这件事情。

不久，楚考烈王得了重病，眼看就要不行了，春申君很担忧。朱英就跑来对春申君说："世上有意料之外的天赐洪福，也有始料不及的无妄之灾。现在您处于变化不定的社会之中，为喜怒无常的君王效力，身边怎么能没有您尚未预料却忽然来到的帮手呢？"

春申君诧异地问道："什么是意料之外的天赐洪福？"

朱英拱手答道："您担任楚国相国已经二十多年了，虽然名义上是相国，实际上却相当于国君。如今大王病重，随时都会死去，一旦病故，您辅助幼主，继续掌握国家大权，待幼主成年后再还政给他，或者干脆就面南而坐，自称为王。这便是意料之外的天赐洪福。"

春申君又问："那什么又是始料不及的无妄之

灾呢？"

朱英正色道："李园不治理国事，却享受着与您一样的尊荣；他也不管理军务，统率军队，却长期豢养着一群死士。大王一去世，李园必定抢先入宫，趁您不备，杀您灭口。这就是我说的始料不及的无妄之灾。"

春申君淡淡地笑了笑，再问道："那么，我没有预料到，却忽然来到的帮手又是怎么回事呢？"

朱英回答说："您将我安置在郎中①的职位上，待大王去世，李园抢先入宫时，我替您杀了他以除后患。这就是所谓的尚未预料却忽然来到的帮手。"

春申君听完，哈哈大笑道："先生过虑了啊！李园是个老实诚恳的人，况且我对他很好，哪至于发展到这个地步呀？！"

朱英见春申君不听自己的，知道多说无益，便退了出来，但他明白自己担心的事情一定会发生，为了

---

① 随侍在君主左右，参与谋议，执兵宿卫。

不受连累，他连夜收拾好东西离开楚国，逃亡他乡去了。

十七天后，楚考烈王去世，李园果然抢先进宫，把他豢养的死士埋伏在棘门里面。春申君一进去，他们便两面夹击，将他刺杀，并砍下他的头颅，扔到宫门外面。接着，李园又派人把春申君的家人全部杀了。随后，太子芈悍继位，是为楚幽王。

曾经在战国舞台上叱咤风云的春申君没有听信朱英的话，最终遭受小人暗算，不仅给自己招来杀身之祸，也让楚国陷入血腥政变，内乱不断，为以后的灭亡埋下了深深的隐患。

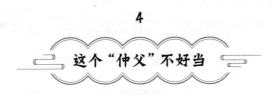

4
这个"仲父"不好当

　　吕不韦当了"仲父",掌握秦国朝政后,在内政、外交和军事上取得了一系列的成就,秦国国力越来越昌盛。吕不韦不禁得意起来,觉得秦国日益强大,他这个相国也应当进一步提高在各诸侯中的威望,就命他的门客将所见所闻记下,编撰成一部《吕氏春秋》。他自以为这本书包括了天地万物古往今来的事理,便命人将内容张贴在咸阳的城门上,通告天下:"如果谁能增删一个字,就给予一千金的赏金。"但是最后没有一个人能够做到。

　　从一个小小的商人,到权倾朝野的秦王"仲父",

此时吕不韦的人生确实到达巅峰。可是，成功的人也有烦心事，那就是秦王嬴政的母亲赵太后。

赵太后原本是吕不韦喜欢的姬妾，当年被异人，也就是后来的秦庄襄王看中，吕不韦才忍痛割爱，献给了异人，生下嬴政。秦庄襄王死后，赵太后耐不住宫闱寂寞，便与吕不韦旧情复燃，两人开始私通起来。

这样过了几年，嬴政渐渐长大，精明的吕不韦担心继续与赵太后通奸会惹祸上身，便开始疏远她。然而青春守寡的赵太后哪里肯放手，整日哭哭闹闹的。吕不韦为了脱身，打算将门下一个叫嫪毐的舍人送到赵太后宫中，充当她的情人。

吕不韦先是胡乱找了个错，罚嫪毐进宫做太监，接着买通主持宫刑的官吏，只是拔去嫪毐的眉毛与胡须，从而顺利将嫪毐送进太后宫中。可是，吕不韦万万没想到，原本只是他手中一颗棋子的嫪毐，日后会将秦国朝政搅得天翻地覆。

嫪毐相貌堂堂，又很会讨赵太后欢心。赵太后对他非常宠爱，不久就怀了孕。为了掩人耳目，赵太后以身体不适为由，带着嫪毐离开咸阳，搬到雍城^①居住。在那里，赵太后与嫪毐一连生下了两个儿子。

不久，赵太后封嫪毐为长信侯，还将太原郡赏给嫪毐作封国，国家政事全都他说了算。在赵太后的纵容下，嫪毐可以随意使用秦国王室的宫室、车马、衣服、苑囿和猎场。侍候嫪毐的仆人多至千人，投奔他的宾客舍人也有数千人。

嫪毐觉得自己受到的恩宠无人能及，不免得意忘形起来。一天，他与嬴政身边的侍从因为一件事情争吵起来。嫪毐指着那人的鼻子大骂："老子是秦王的假父^②，你是什么东西，竟敢跟我争？"

那人吓得一溜烟儿地跑出门去。一路上，他越想越憋屈，忍不住向秦王嬴政告发："那个嫪毐根本不是什么太监，他假装太监混进宫，毁坏太后名声！"

嬴政早就听到风言风语，当即命人彻查。很快，嫪毐假装太监，与太后淫乱且生子的丑事——浮出

---

① 在今陕西凤翔南。
② 即义父。

水面。

嫪毐惊恐异常，决定先发制人，于是偷了嬴政的玉玺，假托秦王之命调兵遣将，企图攻打嬴政居住的蕲年宫。嬴政得到消息，马上发兵讨伐。双方在咸阳展开大战。叛军被斩杀数百人，嫪毐与死党仓皇逃亡。

嬴政对母亲的这位情人恨之入骨，向全国发布公告："活捉嫪毐的人赏钱百万，杀死嫪毐的人赏钱五十万。"

很快，嫪毐及其死党被抓获。公元前238年的秋天，嬴政下令对嫪毐及其党羽执行五马分尸的酷刑，并诛灭了嫪毐父族、母族、妻族三族，还把嫪毐与赵太后所生的两个儿子活活打死。

嬴政也憎恨母亲赵太后，将她囚禁在雍城，还下令："谁要是敢为太后的事来劝我，我就把他给剁了，砍下他的四肢，堆在宫门下边！"

这道禁令十分吓人，可仍有二十七个不怕死的大臣跑去进谏。嬴政把他们全给杀了，四肢砍下来堆在宫门下。

这时，有一个从齐国来的客卿，叫茅焦的，请求见秦王。嬴政派人告诉他说："你难道没有看见堆积在宫门之下的那些尸体吗？"

茅焦从容地回答道："我听说天上有二十八个星宿，现在已经死了二十七个人了，我来就是为了凑够二十八位数。我可不是那种怕死的人！"

使者赶忙跑回去向嬴政报告。茅焦的朋友和同乡听说他要去面谏秦王，害怕受到牵连，一个个吓得背上自己的衣物，逃亡去了。

嬴政听了使者的回报后，勃然大怒，说："这个家伙竟敢故意冒犯我，快取一口大锅来，这次我不砍他的四肢，直接把他给煮了！我看他还怎么凑满二十八个星宿！"随即召茅焦入见。

过了一会儿，茅焦缓缓走进殿来，他慢吞吞走到嬴政面前，伏地一拜再拜后，起身说道："活着的人不忌讳谈人死，拥有国家的人不忌讳谈国亡；忌讳说死的人不会因此就得到生，忌讳说亡的人也不能保证国家的生存。有关生死存亡的道理，是每一个圣明的君主都急于想了解的，大王您想不想听我说一说呢？"

赢政皱了皱眉头，不耐烦地说："你啰唆了半天，究竟要说什么啊？"

茅焦慢条斯理地说道："大王您有狂妄悖理的行为，难道您自己没有意识到吗？您车裂假父，把两个弟弟装进袋子里活活打死，囚禁母亲，并且把敢于规劝您的臣子都杀了，即使是夏桀、商纣也不至于暴虐到这个地步啊！如今天下的人都听说了这些暴行，人心全都涣散瓦解，再也不会有人向往秦国了。我私下里替大王您忧虑啊！这就是我要跟您说的话！"说完便解开衣服，等待受刑。

赢政听了这番话，顿然醒悟，他赶忙走下来，亲自扶起茅焦说："请先生穿好衣服，我现在愿意接受您的劝告！"当即授予茅焦上卿的爵位。

随后，赢政亲自驾车，空出左边的尊位，前往雍地迎接赵太后返回都城咸阳，母子关系得以和好如初。

而整件事情的始作俑者吕不韦自然难辞其咎。不过，赢政看在吕不韦侍奉先王、功劳卓著的分上，不忍心将他杀死，再加上朝中很多大臣为他求情，便只是罢免了他的相国之职，让他离开京城，到他的封地洛阳去。

于是吕不韦带着数千门客返回了封地。此后一年多的时间里，各诸侯国听说他赋闲在家，纷纷派出使者前往洛阳，邀请他出任要职，一时间车马络绎不绝，以致发生交通堵塞。

嬴政听说后，不免担忧起来："吕不韦担任相国这么多年，权大势广，不少朝中大臣与他交好，被我免了相国职位后，那些门客竟然还追随他！他一旦谋反，响应他的人肯定不少，哪怕他跑去别国做官，也将会是秦国的心腹大患。"

公元前236年，嬴政写信给吕不韦，谴责他："你为秦国立下了什么功劳，秦国要封你在河南享用十万户的租税？你与我又有什么亲近关系，我要称你为'仲父'？你还是带着家眷迁到蜀地居住吧！"

吕不韦自知难逃一死，想着与其哪天被杀连累家族，不如自行了断，便饮毒酒自杀身亡。他的家人偷偷将他埋葬了。

得知吕不韦死讯后，嬴政还不解恨，将所有参加了哭吊的吕不韦的舍人全部驱逐出境，并下令："从今以后，操持国家政事的人如果像吕不韦一样淫乱无道，其家族财产统统没收！"

从此，嬴政将秦国朝政大权收回自己手中，在李斯等大臣的协助下，周密部署统一六国的战略。

5

李斯妒杀韩非

李斯是楚国上蔡人，早年在地方上当一名小官，每天勤勤恳恳地做事。有一次，李斯看到附近厕所里的老鼠在吃脏东西时，每当听到人或狗走动的声音，就受惊逃跑。后来李斯又走进堆满粟米的大粮仓，看到老鼠在那儿优哉游哉地吃粮食，一点儿也不担心受到人或狗的惊扰。李斯感慨地说："一个人有没有出息，就好像老鼠一样，是由自己所处的环境决定的。"

于是，李斯辞去职务，拜当时名满天下的荀子为师，学习如何治理国家。学业完成之后，李斯面临一个何去何从的问题。他觉得楚王不值得追随，而其他各国国力衰弱，只有秦国日益强大，可以实现他建功立业的梦想。

跨踌满志的李斯便西行来到秦国，正赶上秦庄襄王去世。于是，李斯就投到相国吕不韦的门下，受到赏识后，利用接近秦王的机会，当上了客卿。

当时，与李斯一样从各诸侯国跑来秦国的能人贤士很多，韩国人郑国也以修筑水渠为名，来到秦国做间谍，目的是想消耗秦国国力，使它不能发兵东征，不过被秦王察觉。秦国的王族大臣们本来就对从各诸侯国跑来求官的人不满，认为这些人损害了自己的利益，郑国事件一出，他们就借机向嬴政建议说：

"从各诸侯国跑到秦国来做官谋职的人，大多数是为自己的国家和君主来游说您，甚至挑拨离间我们君臣之间的关系，实在是秦国的祸害啊！因此，我们恳请大王将他们一律驱逐出境。"

秦王嬴政接受了这一建议，下令全国搜查，驱逐外来人。一时间，举国紧张、人心惶惶，李斯也不得不收拾东西走人。

　　不过，他心有不甘，在走之前给秦王上书了一篇《谏逐客令》："从前秦穆公招纳贤才，重用由余、百里奚、蹇叔、丕豹、公孙支等人，得以兼并二十多个分封国，从而称霸西戎。这五位贤人都不是秦国人。到了秦孝公时，他任用卫国来的商鞅实行变法，移风易俗，结果是百姓乐意为国效力，诸侯也纷纷亲附归服，至今政治安定，国力强盛。秦惠文王则采纳魏国人张仪的策略，拆散六国的合纵联盟，使他们朝西侍奉秦国，功业延续到今天。而秦昭襄王得到魏国人范雎的辅佐，加强了王室的权力，改变了权贵垄断政治的局面。这四位君主都是依靠客卿的作用才建功立业的。由此看来，客卿哪有什么对不住秦国的地方呢？倘若四位君主拒绝远客而不予接纳，疏远贤士而不加任用，秦国就不可能像今天这么强大！

　　"美色、音乐、宝珠、美玉都不产在秦国，可大王搜集来使用、享受的却很多。但您对人的取舍偏不是这样，不问可不可用，不论是非曲直，凡是非秦国人就一概不用，凡是客卿就一律驱逐出境。看上去，您只看重美色、音乐、宝珠、美玉等，却轻视人才。我听说泰山不辞让细小的泥土，故能成就其巍峨；河海不择除细流，故能成就其深广；圣贤的君王不抛弃民众，故能明示他的恩德。这便是五帝三王所以能无敌于天下的原因。现在您无端地驱逐对秦国有益无害的列国宾客，无异于将人才拱手送给敌国，让他们去帮助敌国，为各诸侯效力，这就是所谓的把武器借给入侵者，把粮草送给盗匪了。"

李斯的文章洋洋洒洒，掷地有声，十分有说服力，秦王嬴政读后十分后悔，立刻撤销逐客令，并派人把李斯追回来。也许是李斯对自己很有信心，确信秦王看到他的上书后会改变主意，所以一路上走得很慢，秦王的使者追上他时，他才走到离咸阳不远的骊邑^①。

李斯因为这篇《谏逐客书》而声名大噪，受到秦王嬴政的重用，恢复了官职。不久，秦王采用李斯的计策，暗中派能言善辩的人携带金珠宝玉前往各国，

---

① 今陕西临潼。

对有名望、有势力的人，凡是可以用钱财贿赂的，便出重金收买、结交他们，凡是不肯受贿的，便派人刺杀他们，并挑拨各国国君与臣民之间的关系，离间他们的感情，待时机成熟再派良将率兵攻打他们。这样，几年下来，秦国的力量越来越强大，李斯的职位也越来越高。

随着地位的日益上升，权力的日益增大，李斯一改当初上书《谏逐客令》时的慷慨正气，开始害怕和忌妒比自己更有才华的人士，尤其韩国使者韩非的到来，让他备感紧张。

韩非是韩国的公子之一，当年与李斯一样，拜荀子为师，精通刑名学说。韩非患有轻微的口吃，说话不如李斯那样口若悬河，文才却相当出众。韩非学成回国，看到韩国太弱，多次上书献策，但都没被采纳，于是发愤著书，写了不少著名的政论文章，如《孤愤》《五蠹》等。他认为，要治理好国家，君主必须善用权术，同时臣下必须遵法。

后来，这些说理缜密、见解犀利的文章传到秦国，秦王嬴政读了后，为韩非的才华深深折服，曾感叹："我要是能见到韩非，与他一同出游，畅谈天下大事，死也无憾了！"

公元前233年，韩国国君韩安向秦国割让土地，并献出国君的大印，请求成为秦国的藩属国，又派韩非作为使者出访秦国。秦王得知大名鼎鼎的韩非前来，十分高兴，立即召见了他。

韩非对韩国国君已经彻底失望，也看出秦王是个能干大事的人，就想抓住此次出使秦国的机会，好好施展一番自己的才华，于是对秦王嬴政说："现今秦国的疆域方圆数千里，军队有百万之众，号令森严，赏罚公平，没有哪个国家比得上。我鲁莽进谏，想跟您好好说一说破坏各国合纵联盟的计策。您如果采纳我的主张，却不能占领赵国，消灭韩国，使楚国、魏国臣服，齐国、燕国归顺而称霸天下，就请您把我的头砍了示众，以此告诫那些为君主出谋划策不尽心尽力的人。"

秦王嬴政听了很高兴，就把韩非留在秦国，准备重用他。李斯感到莫大的威胁，俗话说"一山容不下二虎"，如果韩非受到重用，自己的地位肯定不保，想到这里，他就跑去对嬴政说："韩非的确有过人的才华，现在他提出兼并各国的主张，说得头头是道，但他终究是土生土长的韩国人，还是会为韩国的利益着想，这也是人之常情。"

秦王想了想，说："你说得有道理，那就让他回韩国去吧。"

李斯直摇头："放虎归山啊，这样做一定会给秦国留下后患的！"

秦王为难了，又问："你觉得该怎么办呢？"

李斯恶狠狠地说："不如将他除掉，以绝后患！"

秦王沉思良久，最后同意了。于是韩非一下子从座上客沦为了阶下囚。但秦王还是很爱惜韩非的才干，不忍心杀他，所以迟迟没有下达诛杀的旨意。

面对突如其来的牢狱之灾，韩非百思不得其解，再三请求面见秦王，陈述自己的冤屈，但没有人理他。

李斯见秦王犹豫不决，担心他突然改变主意，放走韩非，决定一不做二不休，尽快结果韩非。于是，他瞒着秦王，派人带着毒药去狱中，逼韩非服毒自尽。

不久，秦王嬴政果然后悔了，他派人去狱中赦免韩非，可是已经迟了，派去的人回来禀报说，韩非已经自杀了。秦王听了，半天说不出话来。

韩非既死，秦王对他身后的韩国也就毫不手软了。韩非死后第三年，即公元前230年，秦国灭掉了韩国。从这开始，秦国拉开了消灭六国、统一中原的序幕。

6

李牧死，赵国亡

韩国被消灭后，秦国将屠刀转向赵国。公元前 229 年，赵国先是发生了大地震，接着又出现大饥荒。秦王嬴政觉得机会来了，于是派大将王翦率领大军东进，准备灭了赵国。赵王迁任命李牧为大将军，其手下司马尚为副将，率领全国兵力抵抗秦军。

王翦是秦国名将，不但打仗厉害，计谋也很多，他知道灭赵之战，关键在于李牧。

李牧是自廉颇与赵奢之后赵国最杰出的军事将领。起初，他奉命驻守代地①、雁门一带，抵御匈奴的入侵。

---

① 赵国北部领土，在今河北蔚县。

匈奴人骁勇刚猛，擅长骑射，他们趁各国攻伐，时常南下到赵国边境抢掠，令赵国边民苦不堪言。

在分析了敌强我弱的实际情况后，李牧决定对匈奴人采取防守为主的策略。他根据边防需要重新设置官吏，把地方上送来的税收用作军费，每天宰牛杀羊为士兵改善伙食。伙食好了，士兵有了气力，便日夜操练骑射。

李牧让士兵小心看守烽火台，派出很多间谍去窥察匈奴人的动静，并下令："一旦匈奴人来犯，烽火传来警报，应立即将人马、牛羊、物资撤回堡垒固守，有胆敢逞强出战的，一律处斩！"

因此，匈奴人连续出动，都吃了闭门羹，只得无功而返。这样过了几年，赵军这边人畜都没有损伤。匈奴人因此全都认为李牧胆小，不敢出战，不再把他放在眼里。就连赵国的守边官兵，私下里也认为自己的主帅怯懦，有人还暗中向赵王^①打起了小报告，说：

---

① 即赵悼襄王，赵孝成王的儿子，赵王迁的父亲。

"李牧从来不敢与匈奴人交战，导致匈奴人的气焰越来越嚣张了！"

赵王很不满，派人狠狠地斥责李牧："你到底在怕什么？"但是，李牧我行我素，不作变动。赵王怒不可遏，把他给撤了，另派将领守边。此后一年多时间里，每当匈奴来犯，新任将领就率兵出战，却屡战屡败，不仅损兵折将，还让边境的老百姓无法正常耕作和放牧。

赵王不得不派使者去请李牧复出，李牧却把门一关，气呼呼地说："我生病了，不能担当此任。"但赵王坚持让他重新出山。李牧无奈，便说："大王如果一定要用我，必须允许我按照从前的办法行事，我才敢领命。"赵王只好答应了他的要求。

李牧重返北部边境，一切照旧。一转眼，又是几年过去了，匈奴人虽然没捞到什么好处，却打心眼里更加瞧不起李牧，认定李牧是畏惧他们。赵国将士也十分憋屈，都到了宁可不要犒赏，也要与匈奴人决一死战的地步。

这一切都被李牧看在眼里，他意识到交战的时

机已经成熟，于是精选出战车一千三百辆，战马一万三千匹，勇士五万，善射者十万，将他们组织起来，进行实战演练，并让百姓驱赶着大量牛羊出城放牧。

那一年，北国奇寒，匈奴人马冻死无数，开春之后仍然大雪纷飞，匈奴人缺食少吃。因此，赵国边境满山遍野的牛羊一下子吸引了匈奴人，他们先是小规模地入侵，试探着进攻。李牧让军队佯装败退，丢下数十人和一些牲畜后便缩回了堡垒。

匈奴单于①听说后，忙率十万骑兵南下。李牧知道骑兵无法在山谷中发挥优势，便在山谷的两侧埋伏下重兵，形成了一个口袋形的包围圈，等着匈奴人来钻。已经饿疯的匈奴大军不疑有诈，一头扎了进去。李牧立即命令军队从左右两侧迅速合围。匈奴人顿时乱了阵脚，几乎全军覆没。匈奴单于带着残兵远逃，此后十多年不敢再接近赵国边境。

---

① 匈奴的君主称单于。

李牧不仅让匈奴人闻风丧胆，秦国人也吃过他的大亏，接连几次败在他手下。公元前234年，也就是长平之战二十多年后，秦王嬴政派大将桓齮率军再次征伐赵国，并攻取平阳，斩杀赵军十万人。次年，桓齮又乘胜进击，直逼赵国都城——邯郸。

邯郸一旦失守，赵国就亡了。赵王焦急万分，从边境调回李牧，任命他为大将军，南下抵御秦军。

接到命令后，李牧率领本部人马日夜兼程，与邯郸派出的赵军会合后，在宜安①附近和秦军相遇。

面对连续获胜、士气高涨的秦军，若仓促迎战，一定很难取胜，李牧便下令筑垒固守，等秦军疲惫了，再伺机反攻。

桓齮看出了李牧的用意，立刻召集手下将领商量："当年王龁攻打赵国时，廉颇用的就是消耗战。李牧耗得起，我们可耗不起啊。我们是长途跋涉，他们就在自家门口，不管是粮草供应，还是军队士气，都对我

---

① 在今河北藁城西南。

们不利啊。他们不动,那就我们动,只要他们跟着动,我们就有机会进攻他们。"于是,桓齮率主力进攻附近的肥下,打算把赵军骗出来。

肥下正打得热火朝天,宜安的李牧却安坐营中。将领赵葱急得不得了,向李牧请求派兵救援肥下。李牧指着地图,分析说:"敌人一进攻,我们就去救,完全受制于敌,这是兵家大忌。现在秦军主力都去进攻肥下,后方大本营留守的兵力薄弱,我们不妨来个'围魏救赵'。"

于是李牧下令突袭秦军大营,轻松俘获了全部留守秦军,并缴获了不少粮草、辎重。桓齮得到消息后又气又急,立刻率军回救。李牧早就料到这一点,他部署了一路人马正面迎击秦军,而把主力埋伏在两翼。正面的赵军与回撤的秦军一遭遇,李牧立即指挥两翼赵军实施夹击,将秦军打得狼狈而逃。李牧大捷的消息传回邯郸,赵王大喜,封李牧为武安君。

秦王嬴政不甘心失败,第二年又出动两路大军继续进攻赵国,一路抵达邺地,一路抵达太原,结果又遇到李牧率领的赵军的抵抗。秦军将领以为李牧会故技重施，坚守不出，但是，这次李牧下令全军出击。赵军凶猛的攻势让秦军一时措手不及，最后只好撤退。此后，秦国消停了三年，才发动这次灭赵之战。

王翦知道，李牧是赵国唯一的防线，攻下李牧，赵国便唾手可得。如何对付李牧呢？

"以我们的实力打败赵国是迟早的事，不过这个李牧有点儿不好对付，赵国有他在，我们会损失更多兵力，耗费更多时间，必须想个法子速战速决。"于是王翦想到了离间计。

几天后，一个谣言在邯郸城里传开了，说李牧、司马尚已经和秦军达成协议，准备把赵国献给秦国。原来，王翦派人用重金收买了赵王迁的宠臣郭开，这个谣言就是他散布的。

当谣言传到赵王迁耳朵里时，他竟然相信了，派赵葱、颜聚取代李牧、司马尚。李牧坚决不肯交出军权，这更引起了赵王迁的疑心，他认定李牧要谋反，于是设下圈套逮捕了李牧，然后将其处死。司马尚回到邯郸后，也被闲置了起来。

　　见计谋得逞，王翦立刻率军攻击赵军，杀死赵葱，俘虏颜聚，赵军大败。公元前228年，邯郸沦陷，赵国最后一任国君赵王迁被俘，赵国灭亡。赵国公子赵嘉统率他的宗族数百人逃往代地，自立为代王。亡国后的赵国官员们都前来投奔，与邻近的燕国合兵一处，共同驻扎在上谷①。秦王嬴政听说后，就派大将王翦领兵驻扎在中山，威慑燕国。

---

①　治所在今河北怀来东南，战国时属于燕国领土。

7

荆轲刺秦王

公元前 228 年深秋的一天，燕国南界的易水^①河畔，寒风萧瑟，只见一群人身穿白衣，头戴白帽，神情悲切，像是在为谁服丧。突然，其中一人开始击打手中的乐器，另一个人开口唱了起来："风萧萧兮易水寒，壮士一去兮不复还……"

歌声慷慨悲壮，直冲云霄，久久回荡在辽阔的原野上，有人抽噎起来。这时，一位器宇轩昂的人跪了下去，对那位歌者说："先生这次去刺杀秦王，九死一

---

① 发源于今河北易县境内。

生，请受丹一拜！"说着拜了下去。

那位歌者连忙扶起他，说："太子不可如此！"接着又对众人拱手道："荆轲去了！"说完就登上马车，头也不回地走了。

这就是历史上著名的"荆轲刺秦王"故事的开端。歌者便是这个故事的主人公荆轲，而那位器宇轩昂的人正是燕国太子姬丹。

当初，太子姬丹曾在赵国做过人质，与出生在赵国的嬴政交情颇好。嬴政回到秦国即位后，太子丹又在秦国充当人质。然而，此时的嬴政全然忘记当初他们在赵国时结下的情谊，对太子丹并不友好，太子丹一怒之下逃回了燕国。

回国后的太子丹怨恨秦王嬴政，想要实施报复。可是由于燕国太弱，太子丹有心无力，一直闷闷不乐。

不久，传来秦军在肥下被赵将李牧打败的消息。秦国将领樊於期生怕回国后被秦王治罪，便逃到了燕国。太子丹接纳了他，并让他住下。

太子的老师鞠武听说后大惊，赶紧跑去劝说太子丹："秦王的暴虐无人不知，对燕国又一直虎视眈眈，这已经让人心惊胆战了。现在您竟然还把秦国的罪臣收留下来，这等于把肉搁在饿虎经过的路上。请您尽快把樊将军送走，免得引来灾祸！"

太子丹说："樊将军走投无路才来投奔我们燕国，我怎么能把他往外推呢？"他对鞠武的劝说置之不理，还封樊於期为燕国大将军。秦王得知大怒，将樊於期的父母、宗族全部诛杀，还设下重金悬赏樊於期的首级。

太子丹知道秦王不会善罢甘休，就找鞠武商量对策。鞠武建议太子丹与赵、魏、齐、楚联合，共同图谋秦国。

太子丹摇头说："这个办法虽好，可是实现它需要很长的时间，我实在等不了那么久。"

太子丹有自己的打算。他听说卫国人荆轲好武善斗，且为人仗义，便携带厚礼，前去拜访。一见面，太子丹就被荆轲身上的豪气所吸引，他激动地一把抓住荆轲的手说："先生您正是我日夜寻找的人啊！"于是将心中的想法毫无保留地向荆轲一一道出：

"现在秦国消灭了韩国，活捉了韩国国君韩安，又乘势举兵向南进攻楚国，向北威逼赵国。赵国经过长平之战后，已然无力对付秦国。将来赵国一亡，嬴政的下一个目标必定是我们燕国。燕国弱小，根本不是秦国的对手！所以，正面对抗不是办法。如果有一位天下最大无畏的勇士，假借出使秦国，伺机劫持秦王，要求他将侵占的土地归还各国，秦王若答应，是最好不过了，假如他不肯，便立刻杀了他，在秦国掀起内乱。各国趁此机会联合起来，进攻秦国，便可一举击败秦军。先生您愿意这样做吗？"

太子丹的话像锤子一样击打在荆轲的心里，他慨然应允了太子丹的请求，答应赴秦。

太子丹大喜过望，于是安排荆轲住进上等客舍，自己每日前去探望，美酒佳肴、奇珍异宝，凡是荆轲想要的，太子丹一定奉上，丝毫不敢怠慢。

不久，赵国也被秦国消灭。这天，太子丹听说秦国大将王翦率兵到了中山，惊恐不已，前去见荆轲：

"秦军北上直逼我国，很快就会横渡易水，还请先生尽快前往秦国，实施计划。燕国存亡在此一举！"

荆轲说："太子就是不说，我也准备行动了。不过，秦王多疑，不会轻易见外人的，现在就这样空手前去，只怕秦王不会见我。我想向太子索要两件礼物，您可否答应？"

太子丹忙说："别说两件礼物，再多我都答应，不知先生想要什么礼物？"

"樊於期将军的人头和燕国督亢①的地图！"荆轲一字一顿地说道。

太子丹闻言大惊："樊将军的头？"

荆轲从容地说道："正是！秦王重金悬赏，要樊将军的脑袋，如果我把樊将军的人头和燕国督亢的地图献给秦王，他一定会很高兴地接见我，这样我才有机会刺杀他。"

太子丹难过地说："燕国督亢的地图没问题，可樊

---

① 战国时燕国的丰饶之地，在今河北涿州市及附近地区。

将军在穷途末路时来投奔我，我实在不忍心杀他啊！请您再想想别的办法！"

荆轲见太子心软，便不再说什么了。等太子走后，荆轲便去找樊於期，对他说："秦王残杀您的父母、宗族，又重金悬赏要您的头颅，您打算怎么办呢？"

樊於期泪流满面地说道："我每每想到这些，就痛入骨髓，却想不出办法来。"

荆轲说："我有一个办法，既能解燕国之难，又能为将军报仇！"

樊於期立刻跪倒在地："先生若能为我雪恨，就是把我的命拿去，都在所不惜！"

荆轲大喜："我打算前去刺杀秦王，需要您的头颅献给嬴政，这样他才能召见我。到时候我就找机会，左手拉住他的袖子，右手持匕首刺他的胸膛。这样不仅将军您的大仇得报，燕国也能解除危机。"

樊於期听罢，跳了起来，拔出了宝剑："只要能报灭门之仇，我这颗人头算得了什么呢？"当即自刎而亡。

太子丹闻讯赶来，看到樊於期身首异处，不由得伏尸痛哭起来。然而事已至此，他只好命人用匣子把樊於期的头颅盛装起来，连同地图一起交给了荆轲。

于是就有了易水送别那一幕。太子丹和荆轲的朋友们心里明白，此去秦国，无论成败，荆轲都是回不来的了。

公元前227年，荆轲和助手秦舞阳抵达秦国都城——咸阳，通过秦王嬴政的宠臣蒙嘉，以谦卑的言辞求见秦王。嬴政听说燕国使者带来了他想要的东西，立刻召见荆轲。

荆轲走上大殿，见秦王威风凛凛地坐在大殿中央，阶下两边站满了大臣，便一步步走近秦王。谁知走在身后的秦舞阳被秦王的威势吓到了，他脸色苍白，浑身发抖。

秦王见了，不由得起了疑心，蹙着眉头，喝问道："这是谁啊？"

荆轲见状，心里一凛，却从容地解释道："请大王见谅，这是我的随从，没见过世面，被大王的威严吓到了。"秦王听了，便不再追究，不过却让荆轲一个人上前献上礼物。

荆轲捧着礼物走到秦王面前，先是打开装着樊於期头颅的匣子。秦王一看，果然是他深恶痛绝的樊於期的人头，便狂笑起来："背叛我的人都是这个下场！"

趁着秦王高兴，荆轲紧接着呈上第二份礼物。他徐徐地展开地图，一边指点，一边解释。等图卷全部展开后，里面赫然现出一把匕首。那是天下最锋利的匕首，且在毒药中浸泡多日，一旦刺破人的皮肤，只需渗出一丝血，人立即毙命。

秦王愣住了。说时迟，那时快，只见荆轲右手一把抄起匕首，左手则抓住了秦王的袍袖，奋力向秦王的胸膛刺去。但是秦王已经反应过来，他惊恐地一跃而起，用力挣断了袍袖。荆轲见一刺不中，立刻追了上去。秦王赶紧奔向柱子，绕着跑。

殿上的群臣都被这突如其来的变故吓呆了，眼睁睁地看着秦王在前面跑，荆轲在后面追。追逐中，秦王想起了腰间的长剑，他伸手去拔，可是剑太长，奔跑中怎么也拔不出来，便大叫了起来！

群臣这才回过神来。由于秦国法律规定，臣子上殿不得携带任何兵器，因此大家只好徒手上前扑打荆轲，并喊道："大王，把剑推上背！"

此时，荆轲眼里只有秦王，他右手举着匕首，口中啊啊有声，好几次差点儿抓住秦王，却都被他躲开了。

秦王听到大臣们的喊声，猛然醒悟过来，连忙把剑往后一推，反手拔出剑来砍向荆轲。这一剑砍中了荆轲的左大腿，荆轲一下子跌倒在地，他忍住剧痛，拼尽全力将匕首扔向秦王。秦王一闪，躲开了，匕首击中铜柱。

荆轲知道行刺之事已无法完成，便身靠柱子，大骂秦王："暴君！"秦王大怒，再次挥剑向荆轲砍去。荆轲浑身是血，一直骂到气绝为止，而殿外的秦舞阳早被卫士砍成了肉泥。

秦王嬴政杀了荆轲，也恨透了燕国，马上增派大军，命王翦率军攻打燕国。最终，秦军在易水以西大破燕军和代王赵嘉的军队。

公元前 226 年冬季，王翦攻克燕国国都蓟城^①，燕王喜和太子丹逃到辽东^②，秦将李信带领数千将士紧追不舍。燕王害怕极了，连忙向代王赵嘉问计。赵嘉就说秦王对太子丹恨之入骨，如果燕王能把太子丹的人头献给秦王，秦王一定会谅解燕王。燕王听信赵嘉的话，杀了太子丹，将他的首级献给秦国。秦王这才命令李信撤兵。

---

① 在今北京城西南隅。
② 辽河以东地区，今辽宁东部和南部。

8

秦始皇一统中原

攻下燕都蓟城后，秦王嬴政考虑到当时北方天寒地冻，不利于作战，便没有追击辽东的燕王，而是将秦军主力调回南边，打算先解决魏国。

公元前225年，秦国派王翦的儿子王贲率军攻打魏国。秦军攻入魏国后，如入无人之境，接连攻下数十座城池，没过多久，便抵达魏国都城大梁。此时魏国的国君是魏安釐王的孙子——魏王假，他连忙派使者前往齐国求救，却遭到齐王拒绝，无奈之下只能拼死守城。

大梁城的城墙又高又厚，坚固无比，秦军发起多次进攻，始终无功而返。王贲不禁怒火中烧，在主将帐中不停地走来走去，思索着对策。突然，他想到大梁城外的汴河，于是立刻命令全军将士筑坝拦水，开渠挖道，他要水淹大梁。

十多天后，拦河坝就筑成了，水渠也挖到了大梁城下。王贲一声令下，秦军挖开河坝，滔滔汴河水便咆哮着向大梁城直泻而去。顷刻间，大梁城内变成一片汪洋，人们四处逃命。很快积水就没过了屋顶，不久城垣也塌毁了，魏王假见大势已去，只好投降，却被秦军杀死。

魏国既灭，秦王嬴政决定继续南下灭楚。他知道将军李信骁勇果敢，就问李信："你认为，消灭楚国需要出动多少人的军队？"

年轻气盛的李信说："二十万足够了。"

嬴政又问老将王翦，王翦回答："没有六十万人不行。"

嬴政心想："王翦到底老了，胆子变得这么小。"于是，让李信、蒙恬率领二十万人马攻打楚国。王翦知道嬴政不信任自己，就称病告老返乡。

一开始，秦军打得十分顺利，李信与蒙恬分兵进攻，各自拿下一座城池。不久，李信又大破楚军，攻克鄢、郢，然而在他率军西进，准备到城父^①与蒙恬会师时，遭到楚军尾随，被楚将项燕率领的二十万大军突然袭击，损兵折将，伤亡惨重。李信只好带着残部逃回秦国。

秦王嬴政气得暴跳如雷，将李信革了职，又亲自登门向王翦道歉："我当初没有听将军您的建议，才导致秦军蒙受今天这样的奇耻大辱。将军您虽然生病，难道就忍心丢下我不管吗？"

王翦仍然推辞说："我实在病得不能领兵打仗了，大王还是找别人吧。"

嬴政知道他在生自己的气，连忙哄道："好啦，您不要再这样说了！这次非将军您出马不可。"

王翦这才松了口，说："大王如果一定要用我，请

---

① 今安徽亳州市东南。

给我六十万人的军队!"嬴政爽快地答应了。

于是,秦王拜王翦为大将,交给他六十万大军,让将军蒙武担任副将。出兵那天,秦王亲自送行到霸上①。王翦对秦王说:"如果大王能赏赐给我咸阳城里的良田几亩,上好的房子几座,我在前线打仗会更卖力的。"

秦王呵呵一笑,说:"您就赶紧出发吧,难道还怕打了胜仗回来受穷?"

王翦认真地答道:"作为大王您的大将,即使立下战功,也难以封侯,所以趁着大王您现在正看重我,多求一些赏赐,可以为子孙后代留下一些产业啊。"

秦王放声大笑,满口答应他的请求,心里却嘀咕道:"这个老头儿,可真是小家子气!"

王翦率军开拔,抵达武关,又陆续派人去向秦王请求赏赐。副将蒙武对此不解,问他:"将军,您不断向大王讨要赏赐,太过分了吧?"

---

① 因地处霸水西的高原上得名,在今陕西西安市东郊。

　　王翦呵呵一笑，悄声对他说："大王生性多疑，如今全国兵力都在我们的手上，他心里能不担心？我不断要田要地要房屋，为的是让大王知道我王翦就这点儿出息，不会趁机拥兵反叛。"

　　公元前224年，王翦率大军抵达平舆①后，便不再前进。楚国听说王翦来了，出动全国兵力，准备决一死战。楚军主将项燕几次派兵到秦军营前挑战，秦军始终不出来应战。王翦下令坚守营寨，每日除了安排一小部分士兵守营，其他人都休息。他让人宰牛杀羊，犒劳将士，与他们同食共饮。

　　这样过了很长一段时间，王翦派人打听士兵们都在做什么，得到回报说："将士们没仗可打，成天在玩投石、跳跃游戏呢。"

　　王翦笑道："这样的军队可以作战了。"

　　而项燕见秦军龟缩着不敢出来交锋，就不想再耗下去，命令军队向东开拔。王翦听说楚军已经离营，

---

① 今属河南。

立即率军尾随。项燕没想到秦军会从后面突然追来，没有防备，等到秦军发起突袭，他才指挥楚军回转应战。养精蓄锐的秦军如猛虎般杀向楚军，楚军顿时乱成一团。项燕见势不妙，率领残兵败将突围，却被王翦截杀。项燕一死，楚军没有招架之力，王翦率领秦军所向披靡，占领了楚国的大片领土。公元前223年，楚国都城寿春失陷，楚国国君被俘，楚国灭亡。

第二年，秦将王贲率兵进攻辽东，俘获了苟延残喘的燕王喜，燕国灭亡。接着秦军进攻代国，代王赵嘉兵败自杀。

至此，五国被灭，阻挡秦国统一中原的只剩下齐国了。齐国东靠大海，不与秦国相邻，所以秦国从秦昭襄王开始采用范雎"远交近攻"的策略，尽力笼络齐国，而齐国在经历了六十多年前与燕国的那次大战之后，国力大衰，也奉行恭恭敬敬对待秦国，不和秦国起冲突的保守国策。制定这一国策的人是齐国最后一位国君——齐王田建的母亲君王后，齐国真正的执政者。在她死后，懦弱无能的齐王建把国政大权交给舅舅后胜，让他担任齐国的相国。

后胜为人贪婪，接受了秦国送来的大量金银财宝，经常为秦国说好话。后胜的宾客出使秦国时，秦国又赠以重金，让这些宾客回国后都为秦国说话，劝说齐王不要和其他国家合纵抗秦。所以在秦国日夜不停地进攻韩、赵、魏、楚、燕等国时，齐国为了讨好秦国，拒绝对其他国家伸出援手，秦国也因此得以顺利灭掉了五国。

然而五国相继被灭，让齐王建也感到了亡国的危险，但他不作任何抵抗的准备，反而在宾客的劝说下，想去朝拜秦王，幻想得到秦王的怜悯。

当齐王建的车队走到都城西门时，一个守门的小吏拦住了他的车子，对他说："大王您做国君是为了自己，还是为了国家呢？"

齐王建回答："当然是为了国家！"

这个小吏又说："既然这样，您为什么要离开您的国家，而去朝拜秦国呢？"齐王建仔细思量了一番，觉得有道理，于是就转身回宫了。

不去朝拜秦国，那就只能抗秦了。可是，在那些收受了秦国好处的宾客游说下，齐国这些年没有做任何战争的准备，齐王建急得像着了火似的，坐立不安。

即墨大夫听说后，急忙去见齐王，劝他征集五国亡国之兵，抵抗秦国："齐国国土广阔，拥有甲兵百万。现在那几个被秦国消灭的国家的旧官员都不愿接受秦国的统治，纷纷逃亡，大王您将这些人收拢起来，把百万兵士交给他们，让他们去收复故国。这样，就可以对抗秦国，保住我们齐国啊！"但是齐王建终究没有接受这一建议。

公元前221年，秦将王贲率军突然攻入都城临淄，齐国已经多年没有打仗，百姓没有一个人敢抵抗。嬴政派人诱骗齐王建，说只要他投降，秦国便赐给他五百里的封地。后胜也劝齐王建不要抵抗，带着军队投降秦国。齐王建本就懦弱怕死，便听从了他们的话，投降了秦国，齐国于是灭亡。秦国把齐王建安置在边远的荒芜之地，不给他食物，齐王建最终被活活饿死。

至此，秦国用了十年的时间，先后消灭了东方六国，结束了春秋战国以来诸侯割据混战的局面，建立了中国历史上第一个大一统王朝，也是第一个中央集权制国家，奠定了此后中国两千多年政治制度的基本格局。

9

千秋功过

公元前221年，恢宏壮丽的咸阳宫大殿内，刚刚兼并六国、统一天下的秦王嬴政威严地端坐在正中央，两边黑压压地跪坐着几十位大臣。

嬴政环视了一圈后说道："靠祖宗的神灵护佑，大秦终于统一了天下，这项功业称得上前所未有，'王'的称号已经不适合我了。"

丞相王绾和廷尉①李斯等大臣急忙说道："大王兴兵讨贼，平定天下，此功绩连五帝都比不上您，'王'

---

① 中央最高司法审判机构长官，遵照皇帝旨意修订法律，汇总全国断狱数，主管诏狱（奉皇帝命令拘禁犯人的监狱）。

这个称号的确不足以显示您的尊贵。古代有天皇、地皇、泰皇，以泰皇最尊贵，我们以为唯有'泰皇'这个称呼能配得上您的德行！"

嬴政思索了片刻，说道："去掉'泰'字，留下'皇'字，再采用上古'帝'的位号，叫'皇帝'吧。皇帝自称'朕'。另外，朕要废除君主死后根据其生前品行事迹取谥号的做法。这样做，就是儿子议论父亲，臣子议论君主，是大逆不道。从今以后，朕就叫'始皇帝'，后代从朕这儿开始，称二世、三世，以至万世，代代相传，无穷无尽。"从此，"皇帝"作为中国封建社会最高统治者的称谓，延续了两千多年。

面对这样一个从未有过的庞大帝国，如何治理成为摆在秦始皇面前的最大考验。丞相王绾建议继续实行分封制，将几个皇子派到赵、魏、韩、燕、齐、楚等地去做王，理由是六国刚灭，局势还未稳定，尤其燕、齐、楚这三个地方，距离咸阳太远，必须在那里设几个王，才能镇住局势。很多人赞同这一建议，只有廷尉李斯极力反对。

李斯说:"过去,周文王、周武王分封子弟族人非常多,一开始是很亲近,可随着时间的推移,他们的后代彼此越来越疏远,感情越来越淡薄,各分封国之间为了争夺土地、人口不断发动战争,大国兼并小国,连周天子都管不了。现在仰仗陛下的神功,四海获得统一,我认为全国应该按郡和县为单位划分。对皇子和有功之臣,另用国家征收的赋税给予重赏,这样就可以很容易控制他们。他们控制住了,就不会有对朝廷怀二心的人了,这才是安定国家的方略。分封诸侯万万不行。"

秦始皇听了,连连点头说:"天下为什么苦战不休,就是因为分封诸侯的缘故。如今天下刚刚平定下来,再分封诸侯,就会重新引起战乱。到那个时候,再想天下安定,就难了。廷尉说得很有道理。"于是下令把全国划分为三十六个郡,每个郡设郡守、郡尉、监御史,郡下再分县,县设县令、县尉和县丞,郡县的官员由皇帝直接任命。从此,由中央直接任免各级官员的官僚政治取代了贵族世袭的血缘政治,这是中国社会组织结构上的一大进步。

在秦始皇统一中原之前，各国没有统一的制度，文化和社会生活方面存在种种差异。

首先，在文化方面，各国的文字不一样，同样的意思，你用这个字表达，我用那个字记录，就是一样的文字，也有好几种写法，燕国有燕国的写法，韩国有韩国的写法。这种状况既妨碍人们之间的交流，也影响中央政策法令的有效推行。于是，秦始皇命令李斯等人进行文字的整理和统一工作，然后明令全国使用一样的文字和书法。这就是所谓的"书同文"，它不但方便了人们的交流，更重要的是避免了因为文字的不同而导致文化传统的断裂。

其次，在经济方面，各国不但货币不一样，连尺寸、斤两、容积标准也不同，同样一匹布，用秦国的尺子量是一尺，用魏国的尺子量可能成了八寸，同样一块肉，用齐国的秤称是一斤，用赵国的秤称可能只有七两，同样一袋米，用燕国的容器装是一斗，用韩国的容器盛可能就成了九升。战争平息后，各地的商业贸易往来日渐增多，各地的商人相互间做起买卖来极为不便。秦始皇又统一了货币和度量衡，把铸币权收归国有，全国使用一样的计量长短、容积、轻重的标准。

再比如交通，不同国家的车辆的大小不同，车轮反复碾压之后形成的车道宽窄也不同，楚国的马车到了齐国可能就寸步难行。天下统一后，各地之间的往来增多了，大小不一的车辆和宽窄不同的车道给这种往来增加了诸多的不便。秦始皇就下令，车轮之间的距离一律改为六尺，全国各地据此修整道路。这样一来，各地的车辆往来就方便多了。这就是所谓的"车同轨"。这一措施，便利了交通，活跃了经济。

书同文、车同轨、统一度量衡，这种种举措促进了中国社会的发展。然而，除了功绩，秦始皇也犯下了不少大错，最臭名昭著的莫过于"焚书"和"坑儒"。

公元前213年，也就是全国实行郡县制八年后，在一次酒宴上，时刻不忘恢复周礼的儒生们再次对郡县制发难："周朝分封的子弟功臣，就像众星捧月，保护着周王室的安全。如今陛下您虽统一了天下，但您的子弟却是平民百姓，一旦出现齐国田常、晋国六卿那样夺权篡位的臣子，您靠谁来救援呢？凡事不学习古人，都是不能长久的。"

此时已是丞相的李斯再度反驳，并向秦始皇建议："过去各诸侯国争着以高官厚禄招揽文人学子。现在天下已定，老百姓应该好好种田做工，读书人应该认真学习国家的法令规章。可是，很多人只知一味地效法古代，以古非今，一听朝廷有新的命令颁下，就纷纷根据自己的学说妄加评议，入朝时口是心非，出朝后便标新立异，蛊惑没文化的老百姓，指责现在的制度，诽谤国家法令。这样下去，君主的威势就会降低，朋党势力就会形成。因此，我建议，把不是记载秦国历史的史书全部烧毁，除皇家藏书外，民间不得私藏《诗》《书》和诸子百家著作。有人胆敢谈论《诗》《书》，立即处死！有人胆敢借古讽今，杀九族！官吏发现这种事情而不举报的，和这些人同罪。只留下医药、占卜、种植方面的书。禁止私学，想学法令的人要以官吏为师。"

于是秦始皇便下令"焚书"。一时间，火光冲天，到处都在焚烧书籍，吓得孔子的后人孔鲋都把书藏进墙壁夹缝里了。

在"焚书"的第二年，就发生了"坑儒"的事件。秦始皇在获得前所未有的权力后，十分怕死。他听说海上的蓬莱、方丈、瀛洲三座仙山里藏着一种能让人长生不死的药，就命人率领童男童女出海寻找，不料船队遭遇大风浪，只得返航，船上的人都说："虽然没能到达，可是我们已经远远地看到仙山了。"

秦始皇不死心，又派卢生、侯生等方士、儒生出海求访仙人。卢生等人没有成功，害怕被治罪，就悄悄地说："皇帝为人残暴好杀，在他手下，我们只能一味说好话，可不能批评他的过错。这次没能求得仙药，他肯定不会放过我们。我们还是逃命要紧。"于是，他们携带求仙用的巨额财物跑了。咸阳城的一些儒生听说后，就开始引经据典批评秦始皇贪恋权势，苛刻滥杀。

秦始皇听到这些议论火冒三丈："朕对卢生等人这么好，没想到他们竟敢诽谤朕！咸阳城内，一定有不少他们的同党在妖言惑众！全部揪出来！"于是下令把咸阳城的儒生全抓起来审问。儒生们抵不过严刑拷打，便互相揭发，结果一下子牵扯出四百六十余人，这些人最后全部被活埋。

"焚书"使先秦大批文献古籍被付之一炬，给中国文化造成重大损失，"坑儒"使春秋战国以来蓬勃发展起来的自由思考精神，遭受了致命打击，为后世文化专制政策的推行开了恶例。

作为中国历史上的划时代人物，秦始皇完成了统一中国的伟大功业，对中国和世界历史产生了深远影响，但他的残暴统治也留下了千古骂名。

10

沙丘密谋

　　沙丘上方的夜空中，一镰弯月斜挂在树梢，氤氲的月色透过树叶洒下来，在地上形成斑驳的影子，几颗若隐若现的星星眨着眼睛，像在聚精会神地倾听着什么。偶尔传来整齐的步伐声，打破夜的静谧，那是巡视的秦军将士在穿梭走动。

　　黑压压的行军帐内鼾声四起，护卫队的将士们都睡着了，但有一顶大帐里还透出一丝光亮，影影绰绰地显出两个身影。那是丞相李斯和中车府令①赵高压低

_____

① 掌管皇室车马政令的官员。

着嗓门在说话。

只听赵高说："皇帝驾崩，传诏命扶苏回咸阳主持丧事……"说完将诏书递给李斯。原来秦始皇已经死了！

事情要从公元前 211 年说起。那年，接连发生了几起咄咄怪事，先是一颗陨星从天上掉下来，落地后变为石块，上面竟然刻着"始皇死而地分"的文字，再就是一个陌生人塞了一块玉璧在秦始皇的侍从手上，并说了一句"今年祖龙死"后便不见了。

一向迷信的秦始皇为此很不安，便决定巡游祈福，消灾解难。公元前 210 年冬季，他开始了人生中第五次，也是最后一次出巡，随行的有丞相李斯、上卿蒙毅、中车府令赵高，以及他最宠爱的小儿子胡亥。

他们从咸阳出发，出武关，沿汉水流域到云梦，向着九嶷山遥祭葬在那里的舜帝，再顺长江东下，过丹阳，抵钱唐，登会稽山，祭祀禹帝，并刻石竖碑，歌功颂德。之后，起驾返回，渡过长江，沿海北上，抵达琅邪^①、芝罘，接着又沿海西行。

行至平原渡口^②时，秦始皇突然病倒了，随行的医官也束手无策。眼看着秦始皇的病一日重于一日，大臣们却不敢与他商量善后事宜，因为他很厌恶别人在他面前提"死"这个字。秦始皇派蒙毅返回会稽山，代表他祭祀山川神灵以祈福，并命令队伍继续赶路。结果，七月抵达沙丘时，秦始皇已经病入膏肓了，他这才命掌管玉玺的赵高给长子扶苏写诏书，让扶苏立即赶回咸阳，主持自己的丧事。

秦始皇的长子扶苏，贤德有才、宽厚仁义，秦始皇"坑儒"时，只有他站出来进谏："天下初定，这样迫害读书人，恐怕会引起动荡。"秦始皇大怒，一狠心，将他逐出国都，发配到北部边疆做监军，与驻扎在那里的大将蒙恬的军队一起抗击匈奴、修建长城。

而赵高是名宦官，为人奸猾歹毒，但因精通刑法，又好文墨，深得秦始皇的信任，让他掌管皇帝的车队

---

① 又作琅琊或瑯琊。今山东临沂市。
② 古黄河上的重要渡口之一，在今山东平原西南。

及文书玉玺，并教胡亥审案。赵高善于察言观色、逢迎献媚，很快就博得了公子胡亥的宠信。

有一次，赵高犯下大罪，秦始皇命蒙恬的弟弟蒙毅审理此案。蒙毅根据刑法，判处赵高死刑。可是，秦始皇觉得赵高办事勤勉，特地赦免了他，让他官复原职。从此，赵高就恨上了蒙氏一家。然而蒙氏一家三代都是秦国大将，蒙恬的祖父蒙骜在秦昭襄王时，屡次攻打韩、赵、魏三国，官至上卿；父亲蒙武与王翦联手灭掉楚国，蒙恬则因破齐有功被拜为内史，统一六国后他又率三十万大军北击匈奴，为秦国立下汗马功劳；其弟蒙毅也官拜上卿，与秦始皇同车出入。蒙氏一家深得秦始皇恩宠，满朝文武，无人能比。所以，赵高一直夹着尾巴，不敢轻举妄动，但同时也在等待报仇机会。

赵高万万没想到，机会没等到，来的却是更大的灾祸。秦始皇死在这次巡游的路上，而且临死前还下诏让扶苏主持丧事，这让他十分害怕："皇上显然想让扶苏继承帝位，他一旦登基，必定重用蒙家，到时候，我不仅日子不好过，可能性命也保不住。"他思来想去，最后想到胡亥，于是一条毒计在他心里生了出来。

赵高跑去对胡亥说："陛下的所有儿子中，他最疼爱您，将来的帝位肯定是您的。他之所以没有现在就立您为继承人，是担心您的哥哥们造反。现如今陛下病入膏肓，神志不清，竟然下诏让您大哥扶苏回咸阳主持丧事。按照'立储以嫡，无嫡立长'的礼法，您的大哥扶苏就会作为长子继承帝位，把原本属于您的天下夺走，到那时您就再也享受不到像陛下对您那样的万般宠爱了啊。"

头脑简单的胡亥听了，一下子急了："那怎么办呢？"

赵高见胡亥被自己说动了，不由得心中一喜，说道："玉玺在我手上，只要毁了现在的诏书，重新拟一份，立您为太子，再传一份圣旨，赐死扶苏，您就可以安享富贵！"

胡亥听到要杀死大哥扶苏，不禁愣了一下。赵高见状，忙道："只有杀死扶苏，您将来的帝位才能稳固啊。"

胡亥偏着脑袋，想了想，便说："那就这么办吧！"

赵高摸了摸光秃秃的下巴，说："此事若要成功，还必须一个人同意才行。"

胡亥忙问："谁？"

赵高蹦出了四个字："丞相李斯！"

赵高心里明白，诈称始皇遗诏杀掉扶苏，立胡亥为太子，此事非同小可，若没有丞相李斯的参与，绝难成功。于是他便趁夜深时去找李斯。

一见面，赵高便开门见山对李斯说："皇上赐给扶苏的诏书还没有送出就驾崩了，玉玺也在我手里。由谁继承大位只是您我一句话而已。"

李斯听他这么说，大吃一惊，义正词严地说道："你怎么敢说这种亡国的话？这可是谋逆，是灭三族的大罪！"

赵高冷笑道："您的才能、谋略、功勋、人缘以及扶苏对您的信任，这五点与蒙恬相比，您觉得怎么样？"

李斯淡淡地回答："我都比不上他。"

赵高又冷笑道:"皇帝传诏,命扶苏回咸阳主持丧事,摆明了是要把帝位传给扶苏。扶苏与大将蒙恬关系很好,一旦即位,必定重用蒙恬。到时候丞相一职可就不是您的了!您不为自己着想,难道也不为子孙后代考虑?"

李斯低头默然不语,过了一会儿,他抬起头,无奈地说:"好吧,就按你说的办吧!"

第二天,巡游的车马照样赶路。原来李斯和赵高担心皇帝驾崩的消息泄露,皇子们争夺帝位,天下大乱,就秘不发丧,将秦始皇的遗体放在能调节冷暖的凉车中,由他生前最宠信的宦官坐在车内,每到一地,照样上呈餐饭,百官跟过去一样奏报事务,只不过由坐在车内的宦官来批复。因此,除了李斯、赵高、胡亥和这几个受宠的宦官外,没有人知道秦始皇已经驾崩了。当时正值酷暑,装载秦始皇遗体的凉车散发出恶臭,李斯他们便购买了几车鲍鱼,借鱼的臭味掩盖腐尸的气味。

再说在蒙恬军中做监军的扶苏,这一天正和蒙恬商量军务，忽闻有皇帝的使者到了，他赶忙出去迎接。使者见到他，立刻打开手中的诏书念起来。这份诏书斥责扶苏多年来未能开疆辟土、建功立业，却使士卒大量伤亡，并且数次上书，诽谤朝政，日夜抱怨不能回到咸阳，而将军蒙恬不但没有纠正扶苏的过失，反而参与了扶苏的图谋，责令他们自杀谢罪，将兵权移交给名将王贲的儿子、副将王离。

扶苏听完诏书内容，低声哭泣起来，然后进入内室，打算自杀。蒙恬连忙劝说："陛下在外巡游，怎么会突然传来这样一份诏书呢？他派我率领三十万军队镇守边陲，让您担任监军，这是天下的重任啊。现在仅凭一个使者的传诏，我们就自杀，怎么知道其中没有诈呢？我们得上奏证实，那时再死不迟。"

这时，那位使者也跟了进来，催促他们尽快自行了断。扶苏被他这么一催，便横下心来，对蒙恬说："父亲赐儿子死，哪里还需要证实啊？"随即便自杀了。

使者又催促蒙恬，蒙恬不肯自杀，他说："我倒要看看这究竟是怎么回事！"使者无奈，便将他交给地方官治罪，然后快马加鞭回报李斯和赵高。

胡亥听说扶苏死了，便想释放蒙恬，为秦国留下一员大将。恰逢蒙毅这时祈福回来，赵高便对胡亥说："陛下之所以没有立您为太子，还有一个原因，就是蒙毅一直在陛下面前说您的坏话。这个人不能留！"于是蒙毅也被囚禁了起来。

巡游的车队按照原来计划的路线返回咸阳后，李斯等人才昭告天下，说秦始皇驾崩，胡亥以太子的身份继承皇位，即秦二世。

胡亥当上了皇帝，心满意足地对赵高说："人生在世，犹如驾着六匹骏马飞奔过缝隙一般的短促。朕既已经君临天下，做了皇帝，就要尽情地享乐，在享乐中度过一生，你觉得好吗？"

一肚子坏水的赵高眼珠子转了转，说道："贤能的君主能这样做，昏庸残暴的君主却不能。您是贤能的君主，不过却还没到享乐的时候啊。请您听我说，发生在沙丘的变故，让诸位公子和大臣都起了疑心。诸位公子是您的亲哥哥，大臣们又是长期追随先帝的。他们对陛下您继承帝位，都心怀不满。每每想到这件事，我就战战兢兢，生怕不得好死，陛下您又怎么能放心享乐呢？"

秦二世一听，急忙问道："那该怎么办呢？"

赵高恶狠狠地说道："陛下应该实行严厉的法律、残酷的刑罚，使有罪的人互相揭发，这样可以把那些可能争夺帝位的皇族杀掉，把先帝的旧臣全都清除，然后提拔卑贱的人，给他们荣华富贵，让他们成为您的亲信。这样一来，满朝文武都会感念您的恩德，誓死为您效力。如此，陛下才可以高枕无忧，纵情享乐！"

秦二世认为赵高说得有道理，便修订了更加严苛的刑法。根据这个刑法，秦二世把他认为有罪的公子都交给赵高审讯。赵高对他们严刑审问，迫使他们屈打成招。就这样，有十二位公子在咸阳街市上被斩首示众，十名公主被分裂肢体而死。整个皇室为此恐惧不已。

公子高打算逃亡，但又害怕株连族人，因此上书说："先帝对我恩宠有加，我本应跟随先帝而去，却没能这样做。像这样，作为儿子便是不孝，作为臣子便是不忠。不孝不忠的人是没有资格生存在世上的。我请求追随先帝而去，希望能葬在骊山脚下，望陛下垂怜。"

秦二世非常高兴，允准了公子高的请求，并赐给他十万钱作为安葬费。随后，蒙恬、蒙毅等文臣武将也被赵高定罪处死，遭到放逐的大臣更是不计其数。

而作为秦二世亲信中的亲信，赵高被提拔为郎中令[①]，他仗着秦二世的恩宠横行专权，还杀害了不少之前与他有私怨的同僚。不过，赵高也担心有人跑到秦二世跟前揭发他，便劝秦二世说："天子之所以尊贵，是因为群臣只能听到他的声音，而见不到他的面貌。况且陛下您还年轻，未必对件件事情都熟悉，现在坐在朝廷上听群臣奏报政务，若有赏罚不当之处，就会把自己的短处暴露给大臣们，也就不能向天下显示您的圣明了。陛下不如深居宫中，等大臣们将事务报上来，我们一起研究处理。这样，大臣们就不敢奏报是非难辨的事情，天下便都称道您为圣明的君主了。"

---

① 随侍在皇帝左右，参与谋议，位高权重。

秦二世采纳了赵高的这一建议，从此不再上朝接见大臣，赵高得以大权在握，一切事务不论巨细都由他来决定。

丞相李斯对此很是不满，赵高听说后，便想除掉他。这天，赵高跑去见李斯，假模假样地说："关东地区盗贼猖狂，皇上不派人去整治，却加紧征派徭役去建阿房宫，还搜集狗马一类无用的玩物。我本想规劝，但因地位卑下不敢说，可您为什么不去劝谏呢？这可是您的职责所在啊！"

李斯叹了口气说："是啊，我早就想说了，可皇上不上朝，我都见不到他，根本没机会说啊！"

赵高假惺惺地说："我来找机会，看皇上什么时候有空，到时候我通知您，您就赶紧进宫面奏。"李斯不知是计，连连说好。

这天，秦二世正在饮酒作乐时，赵高派人去通知李斯："皇上现在正闲着，赶紧去见吧！"

李斯立即赶到皇宫求见秦二世。秦二世正玩得高兴，突然被打扰，很不开心，却也只好撤了宴席，命舞女歌姬退下，听李斯奏报。

如此接连三次，秦二世不禁大怒："朕平常空闲的时候，丞相不来，朕刚想放松一下，丞相偏偏就来请示奏报！他是觉得朕年少好欺负是吗？"

赵高在一旁趁机说道："沙丘那件事，丞相也参与了。现在陛下已经当上了皇帝，而他的地位却没有因此更加显贵，所以对陛下心怀不满，看来只有割地称王才能满足他呢。"

见秦二世脸色很难看，赵高又火上浇油了一把："还有，陛下若不问我，我还不敢说，丞相的长子李由是三川郡①的郡守，盗贼横行经过三川城的时候，李由竟然据城防守，没有出击。我听说他和盗贼还有文书往来，因为还没有完全弄清楚，所以不敢奏报给陛下。而且丞相在外面，权势比陛下还大呢。"

原来，秦始皇统一六国后，为了抵御匈奴入侵，大规模征发各地农民到边境戍守，修筑长城。秦二世

① 因境内有黄河、洛水、伊水三川而得名，治所在今河南洛阳市东北。

即位后，又大肆抽调农民重修阿房宫，加上赋税又重，老百姓日子实在过不下去了，就起来造反，这就是赵高口中的"盗贼"。他们攻打三川郡时，幸亏李由率兵拼死抵抗，才守住城池。

可是，赵高一席话说得有鼻子有眼，由不得秦二世不信，于是派人去查。李斯听说后，才意识到自己中了赵高的奸计。他立刻上书揭发赵高擅权专政，狼子野心，日后必定作乱。

没想到秦二世根本听不进李斯的话，还反驳说："赵高为人精明能干，廉洁奉公，对下能了解人情民心，对上能合朕的心意，朕不用他，又该用谁呢？"不但如此，他唯恐李斯把赵高杀了，还把李斯的话告诉了赵高。

赵高一听，索性装出一副可怜相说："丞相现在也就顾忌我一个人，我死了，他就可以为所欲为，图谋不轨了。"秦二世听了，更加不信任李斯。

不久，因为见秦二世不停地征发关中士兵攻打盗贼，李斯与右丞相冯去疾、将军冯劫都上书规劝：

"盗贼之所以多，都是徭役苦、赋税重的缘故。恳请陛下暂时停止修建阿房宫，减少徭役，减轻百姓的赋税。"

秦二世看了他们的上书，很不高兴地说："自朕即位以来，盗贼就蜂拥而起，你们不能加以禁止，还要劝朕废弃先帝的事业，你们这是上不能报答先帝，下不能为朕尽忠效力，如此你们凭什么占据着高位呢？"于是将冯去疾、李斯、冯劫交给司法官吏治罪。

冯去疾、冯劫都不愿受辱，含恨自杀了，只有李斯被下到狱中。秦二世便把李斯交给赵高，命他追查李斯与儿子李由谋反的事情。李斯忍受不了严刑拷打，含冤认罪。

李斯之所以不自杀，是因为他自认为能言善辩，有功劳，且并无反叛之心，想要上书作自我辩解，希望秦二世能赦免他。

在奏书中，李斯这样写道："我担任丞相已经三十多年了。当初的秦国疆土狭小，方圆不过千里，士兵仅数十万，我竭尽所能，派人游说诸侯，同时整顿武

装，修治政令、教化，故而能胁迫韩国，削弱魏国，击破燕国、赵国，铲平齐国、楚国，最终兼并六国，拥立先王为天子。接着又在北方驱逐胡人[1]，在南方戡定百越部族[2]，以显扬秦王朝的强大，并改革文字，统一度量衡，颁布于天下，以树立秦王朝的威名。这些都是我的罪状啊，早就应当被处死了啊！"

这份奏书呈上后，却落入赵高手中，他看完后说："囚犯怎么能上书？"随即让手下人扔了。

为了尽快给李斯定罪，赵高又想出了一条毒计，他让十几个手下亲信冒充皇上派下来复查案情的钦差，轮番审讯李斯。李斯以为皇上看了他的奏书，真的派人下来了，便推翻了之前的供述，把自己的冤屈向这些人实话实说了，谁知他们听了，反而把他狠狠地拷打了一遍。如此几次以后，等到后来秦二世真的派人去验证李斯的供词时，李斯以为还与以前一样，便不

---

[1] 公元前214年，秦将蒙恬率三十万大军驱逐匈奴人，收复了黄河以南地区，设置了四十四个县，然后凭借地形修筑长城，以控制险要关塞。

[2] 公元前214年，秦国派兵征服南边的越族地区，在那里设置桂林、南海、象郡等郡，将中原五十万人迁移到那里戍守，和越人杂居。

敢更改口供，只能承认自己有罪。

派去的人回来一报告，秦二世高兴地说："要不是赵高，朕差点儿就被丞相出卖了！"最后李斯被判处腰斩。

行刑那天，李斯走出监狱，对一同被押赴刑场的次子说："我真想和你再牵着家里那条黄狗，一块出上蔡东门去猎兔子，可是再也不能了啊！"于是父子二人抱头痛哭。

李斯死后，赵高当了丞相，他想独揽大权，又怕群臣不服，于是牵来一只鹿，并说："这匹马献给陛下。"

秦二世一看，哈哈大笑道："丞相你眼花了吧？怎么把鹿叫作马？"

赵高说："这是马，没错啊，不信陛下问他们。"他指了指众臣子。满朝文武有的沉默不语，有的说是马，有的则说是鹿。后来，赵高找机会把那些说是鹿的人都杀了。从此，朝廷内外都畏惧赵高，没有人敢说他的不是。秦二世在赵高的教唆下，日益沉迷于享乐，不问朝政。

12

揭竿而起

公元前 209 年秋季的一天，蕲县^①大泽乡的土路上走来了一群衣衫褴褛的人，他们是被朝廷征召去渔阳^②戍守边境的农民，一共有九百人。连日的长途跋涉，让他们一个个倦容满面，步履蹒跚，人群中不时传来催促声："快走，快走，延误了日期，可是要杀头的。"

突然，狂风大作，大片的乌云从天边急涌过来，伴着一道道闪电，接着雷声轰鸣，天像裂开了无数道口子，豆大的雨点朝大地猛砸下来。转眼间，众人被

---

① 治所在今安徽宿州市南。
② 治所在今北京密云西南。

淋成了落汤鸡，于是赶紧找地方避雨。可雨越下越大，第二天，第三天，连着下了好几天，而且完全没有停的迹象。看着泥泞不堪的道路，想着抵达渔阳的期限将近，众人心急如焚，不知如何是好，因为按照秦律，误了戍期，是要杀头的！

屯长陈胜跟大家一样焦虑。这天夜里，其他人都睡下了，陈胜翻来覆去，怎么也睡不着。陈胜出身穷苦，年轻时给地主种地，日子过得相当艰难。有一天，一起种地的伙伴们聚在一起诉苦。陈胜心想："要是将来我能出人头地，一定要帮帮这些穷朋友。"于是他对众人说："以后有出息了，不要忘了老朋友啊。"大家听了都觉得好笑，说："我们这些卖力气种地的，能有什么出息？"陈胜叹息道："燕雀怎么知道鸿鹄的志向呢！"

这次，朝廷大举征兵去戍守渔阳，陈胜也在征发之列，并被任命为带队的屯长。大家日夜兼程，生怕误了戍期，没想到怕什么来什么，老天爷仿佛故意跟他们作对，一场瓢泼大雨彻底浇灭了众人的希望。

"怎么办？怎么办？"就在陈胜几乎要绝望的时候，突然，一个大胆的想法像火光一般在他的脑子里闪了一下，他自己都吓了一跳。但很快他便打定了主意，翻身起来，推了推身旁的另一位屯长吴广。他们俩相识不久，但已经无话不说。

吴广其实也没睡着，被陈胜一推，翻身坐了起来。陈胜对吴广说："这儿离渔阳还有一千多里路，就算明天雨马上停住，我们也不可能在规定的日期到达。"

吴广想了想，说："那我们找机会逃吧。"

陈胜摇了摇头，说道："逃到哪儿去？给官兵抓住，也死路一条。"

吴广担忧地问："那怎么办呢？"

陈胜咬牙道："逃，是个死；不逃，也是死。反正是个死，不如起来造反，推翻这个朝廷。老百姓被迫上缴苛捐杂税，被迫修建宫殿、长城、皇陵，被迫征去戍守边境，早就对现在的朝廷一肚子怨气了，只是没有人带头反抗而已。今天就让我来带这个头！"

　　吴广听到这里，连连点头说："你说得对，活得憋屈，不如痛快干一场，死了也值！"

　　见吴广也有此意，陈胜继续说道："我听说二世是杀了他哥哥扶苏才当上这个皇帝的。公子扶苏为人仁义贤明，老百姓肯定更愿意他当皇帝，如果我们以他的名义造反，人们一定会以为他没死，势必响应和拥护我们。"说到这里，陈胜顿了顿，又接着说："此外，这里原来是楚国的故地，这些农民大多数是楚国人。当年楚将项燕曾击败过秦军，在楚国人的心目中地位很高。有人以为他死了，也有人以为他逃亡在外，我们假借扶苏和项燕的名义起兵，会有更多人追随我们。"吴广表示赞同。

　　于是，他们便把众人叫醒，说："天天下雨，道路也不通，看来我们是没法按期到达渔阳防地了，按照朝廷法令，我们都犯下了死罪。就算不砍头，在外戍边的有几个能活着回去？横竖都是死，不如拼死一搏。那些王侯将相，难道就是天生的吗？他们做得，我们为什么就做不得？"

陈胜一席话点燃了这群饱受徭役之苦的穷哥们的希望，他们围着陈胜，纷纷叫起来："对，拼死一搏，我们都听您的！"于是，大伙儿砍伐树木为兵器，高举竹竿当旗帜，对天起誓，同心协力推翻秦朝。

　　陈胜和吴广杀掉了押送他们的将尉，以公子扶苏和楚将项燕的名义，拉起了一支近千人的队伍，陈胜自立为将军，吴广为都尉^①。起义军迅速攻下了大泽乡，接着夺取了附近许多城池。沿途的百姓争先恐后参加起义军，等打到陈地^②时，起义军已有战车六七百辆，骑兵一千多人，步兵数万人。

　　陈地的郡守和郡尉早已闻风而逃，只有郡丞领兵抵抗。几个回合后，起义军便占领了陈地。陈地有名望的贤达见陈胜的军队不抢东西、不伤害百姓，都很高兴，建议他建国称王。陈胜便自立为楚王，以陈地为都城，定国号为"张楚"，意思是张大楚国。

　　各郡县的人们听说以后，都以"张楚"的名义起

---

① 地位略低于将军。
② 治所在今河南淮阳。

事，诛杀当地长官，以响应陈胜。亡国的六国旧贵族和地主也趁势而起，他们收罗旧部，或投奔陈胜，或自立称号。

有人把陈胜、吴广起义的事报告给秦二世。没想到，正在享乐的秦二世听了，勃然大怒，说："朕的天下太平着呢，快把这个造谣惑众的家伙下狱治罪。"后来，每当秦二世问起盗贼的事，身边人都回答说："是有些盗贼闹事，不过他们都是鼠窃狗偷之辈，官府已经将他们全部抓获。皇上您不值得为这种小事忧虑。"秦二世听了，哈哈大笑。

秦二世继续醉生梦死，陈胜却兵分多路，加紧进攻，他任命吴广为假王①，率领主力军向西攻打秦王朝的重镇——荥阳②，命陈地人周文领兵直捣秦都咸阳，随后又派武臣、周市、韩广等人分别进攻原赵、魏、燕的旧地。一时间，反秦的烈火燃遍了大江南北，各路起义军勇猛作战，所向披靡。

---

① 即副王。
② 今属河南。

接到各地传来的捷报，陈胜十分高兴，觉得推翻秦朝指日可待。万万没想到，大军西进的道路接连受阻。

起初，周文率领的西征军，沿路征兵，到达函谷关时已有战车千辆，步兵几十万，秦军无力招架，节节败退，最后退缩到离咸阳只有百来里的戏亭。秦二世听说起义军逼近，如晴天霹雳。当时咸阳城内空虚，朝廷来不及调兵，只得采纳将领章邯的建议，将在骊山服役的几十万名刑徒赦免，组成军队抵御起义军。得到赦免的骊山刑徒在章邯的逼迫下，打起仗来非常勇猛，很快将起义军打得退出了函谷关。周文急忙向陈胜请求援救。

陈胜手下的将领都被派到各地了，他便命武臣火速率军前去增援。谁知武臣攻下赵国旧地后，已经自立为赵王，不再听陈胜的号令。其他几位被陈胜派到各地的将领，也都忙于占领地盘：韩广在攻略燕地后自立为燕王，攻取魏国旧地的周市虽未称王，却立了魏国公子魏咎为王，自己则担任魏相。

　　周文等不到援军，败退到渑池。章邯率兵追击，大败周文，周文自杀而亡。攻打荥阳的吴广也进展不顺。荥阳是通往关中的重要通道，为兵家必争之地，附近还有囤积了大量粮食的敖仓①。拿下荥阳，既打开了通往关中的门户，又切断了秦军的粮草供应，同时也解决了起义军的军需问题。然而由于荥阳城高池深，兵精粮足，起义军激战多日，始终无法攻克。章邯击败周文，带兵继续东进，这样一来，吴广的军队就腹背受敌。

　　大敌当前，吴广军队内部又出了问题。部将田臧觉得吴广骄傲轻敌，不会带兵，竟假传陈胜的命令杀掉了他。之后，田臧留下小部分兵力，让部下李归继续指挥围攻荥阳，自己则调动全部精兵迎击追来的章邯军队。双方在敖仓相遇。刚刚打败周文的秦军士气正盛，交锋中，田臧战死，起义军大败。章邯乘胜进军荥阳，攻打李归。李归兵微将寡，更是抵挡不住，

---

① 古代重要粮仓，在今河南荥阳市东北的敖山上，中原的漕粮由此输往关中和北部地区。

结果兵败身亡。

　　于是，起义军形势急转直下。章邯乘胜向起义军的大本营陈地逼近。陈胜振作起来，亲自率领军队与秦军展开激战，虽奋力拼搏，却还是失败，被迫带着余部退到城父，准备在那里召集各地英豪，积蓄力量再次反秦。

　　结果，各地英豪听说陈胜失败，都不肯听他的号令。陈胜手下不少士兵都悄悄逃走了，陈胜见人越来越少，不禁心烦意乱，动不动就呵斥手下。车夫庄贾曾经多次遭到陈胜的责骂，早就心怀怨恨，如今见陈胜成了孤家寡人，觉得继续跟着陈胜没有前途，就找了一个机会杀了他，投降了秦军。

　　轰轰烈烈的陈胜、吴广起义前后历经六个多月，最终失败了。究其原因，除了起义军的将领和士兵多为农民，战斗力不强之外，起义军内部的分化是根本原因。陈胜自从当了楚王，过去一起种田的朋友纷纷前来投靠。陈胜的岳父也去了，陈胜却摆起了架子，只是拱手行见面礼，并不下拜。陈胜的岳父很恼火，痛斥他说："你靠着叛乱，超越本分自封为王，并且对长辈傲慢无礼，我看终究不能长久！"说完就走了。

还有位老朋友，仗着与陈胜交情深，进进出出比较随便，有时还拿陈胜在家乡的一些旧事说笑。有人就对陈胜说："这人愚昧无知，专门胡说八道，恐怕有损楚王您的威严。"陈胜也觉得很没面子，便将那个老朋友杀了。朋友们见陈胜不念旧情，一个个离他而去。

对朋友，陈胜忘了当初的许诺，对部下，他也不像从前那样和气了，不听命令的，或者自己不喜欢的，就抓起来杀掉。这样一来，将领们渐渐与他离心离德，争相称王。这种分裂进一步削弱起义军，给了秦军反扑的机会。

然而，陈胜、吴广起义沉重打击了秦王朝，敲响了亡秦的丧钟，拉开了武装反抗暴秦的序幕，其历史意义不可低估。

13

巨鹿之战

　　陈胜、吴广起义不久，刘邦在沛县^①起兵，项梁在吴中^②起兵，还有一个叫田儋的，也在齐国旧地起兵，自立为齐王，恢复了齐国。

　　刘邦为人豁达，素来有远大的志向，不安于从事平民百姓的日常耕作。在担任泗水亭长^③时，他奉县里委派遣送夫役^④到骊山去劳作，结果途中许多夫役逃亡。他估计到骊山时人都跑光了，于是半路上便把剩

---

① 秦置，属泗水郡。治所即今江苏沛县。
② 泛指春秋战国时的吴地（今江苏南部、浙江北部，至淮河下游一带）。
③ 秦汉时在乡村每十里设一亭，置亭长，掌治安，捕盗贼，理民事，兼管停留旅客。
④ 指服劳役、做苦工的人。

下的夫役都放了，自己也躲藏起来。等到陈胜、吴广起兵，刘邦也召集了沛县三千名青年响应抗秦。

项梁是楚国大将项燕之子，因为杀了人，与侄子项羽逃到吴中躲避仇家。听到陈胜起兵抗秦的消息后，他和项羽杀了会稽郡①郡守，把吴中的兵员和各县壮丁征集起来，得到精兵八千人，项梁自己做了会稽郡郡守，以项羽为副将，镇抚下属各县。项羽此时年方二十四岁。

广陵②人召平之前奉陈胜命令夺取广陵，但没能攻陷。这时他听说陈胜兵败逃亡，章邯的军队就要追来了，就假传陈胜的命令，授给项梁上柱国③的官职，命他率军向西攻打秦军。项梁于是就领着那八千人渡过长江往西进发，成为反秦斗争的主力。

有个叫陈婴的，原是东阳县的一名小官，为人谨慎，讲诚信。东阳县的年轻人杀掉县令，聚起了两万人，拥立陈婴为首领，并希望他马上称王。陈婴的母

---

① 治所在今江苏苏州市。
② 在今江苏扬州市西北。
③ 楚国最高武官。

亲对陈婴说："自从我嫁进你们陈家，就从未听说你的祖先中有过地位显赫的人。现在你突然得到这么大声望，不是什么好兆头。不如找个领头的，你做他的下属，事情成功了你能封侯，一旦失败也容易逃亡，因为你不是被人注意的头面人物。"

陈婴便不敢称王了，他对部下说："项姓世世代代为将门，在楚国享有盛名，如今想要办大事，将帅就非这种人不可。我们依靠名门望族，一定能推翻暴虐的秦朝！"于是大家投奔了项梁。

刘邦也率领一百多名随从去拜见项梁。项梁给了刘邦五千名士兵，十名五大夫级别的军官。刘邦带领他们进攻丰邑^①，并攻陷了该城。项梁派项羽从另一路攻打襄城^②，襄城坚守，项羽攻打了多日才把它拿下，一进城，他就下令，把守城的军民全部活埋。

不久，陈胜的死讯传来，反秦斗争陷入了低潮，项梁便将各部将领召集到薛地^③，商议挽救时局。有个

---

① 今江苏丰县。
② 今属河南。
③ 在今山东滕州市南。

叫范增的老头，好出奇计，前去劝说项梁："被秦国灭亡的六国中，数楚人的仇恨最深，人们至今还怀念被秦人害死的楚怀王，所以有'楚虽三户，亡秦必楚'的说法。陈胜失败的原因就是不拥立楚王的后裔而自立为王，没有充分利用楚国反秦的力量。现在您在江东[1]起兵，楚地将领纷纷前来依附，就是因为您家世世代代是楚国的将领，能够扶立楚王的后裔，恢复楚国的社稷啊！"项梁认为范增说得很对，便找到正在替人家放羊的楚怀王的孙子芈心，拥立他为楚怀王，自己则号称武信君。

而秦军那边，章邯消灭了陈胜的起义军后，便率大军北上临济[2]，攻打魏国。魏国势单力薄，魏王咎便派相国周市向齐、楚两国求援。齐王田儋与楚国将领项它率领联军急忙随周市前去援救魏国。章邯便在夜间命士兵口中衔枚[3]进行突袭，在临济城下一举击溃齐、楚联军。齐王田儋和魏相周市阵亡。魏王咎知道

---

① 指今安徽芜湖市、南京市间长江河段以东地区。
② 在今河南封丘东。
③ 枚形状像筷子，两端有带子，可系在脖子上。古代行军时，常令士兵横衔口中，以防喧哗。

大势已去，为他的百姓订立降约后自焚而亡。魏王咎的弟弟魏豹逃到楚国，楚怀王拨给他几千人马。魏豹于是重新夺回了魏国的领地。田儋的堂弟田荣收集残兵败将，向东撤退到东阿①。章邯紧追不舍，将东阿团团围住。

项梁闻讯立即领兵救援，在东阿城下击败了章邯的军队。一路打来从没吃过败仗的章邯带领余部急忙向西逃窜。项梁引兵继续追击秦军，并派项羽、刘邦从另一路攻打城阳。

在濮阳②东面，项梁率领的楚军再次与章邯的军队交战，章邯不敌，退守濮阳，挖沟引水，环城自固。见一时攻不下濮阳，项梁便撤兵去攻打定陶，并再次击败秦军。而项羽和刘邦则在雍丘③大败秦军，杀了三川郡守李由。

项梁打了几次胜仗，渐渐骄傲轻敌起来，大将宋义规劝道："打了胜仗就骄傲，一定难逃失败的命运。

---

① 治所在今山东阳谷东北。
② 今属河南。
③ 即今河南杞县。

现在我们的士兵已经有些懈怠了，而秦兵却在一天天地增多，我真替您担心啊！"但项梁不听，竟派宋义出使齐国。

途中，宋义遇到齐国使者高陵君显，就问他："您这是去见武信君吗？"

高陵君显回答道："是啊。"

宋义说："我料定武信君必败。您慢点儿去还能免遭一死，走快了可是要遭殃的啊。"

果然，这时秦二世调动全部军队增援章邯，在定陶大败楚军。混战中，项梁被杀死。

章邯灭掉项梁的军队后，认为楚军已不足为患，便渡过黄河，向北继续攻打赵国。这时赵王武臣已经死了，部下张耳与陈馀寻访到赵国宗室后裔赵歇，立为赵王，张耳任相国，陈馀担任大将。

秦军来势汹汹，赵军抵挡不住，便退到巨鹿①。赵歇和张耳固守城池，陈馀则领兵数万在城北扎下营寨，与城内守军互为呼应，同时派出使者前往已经复国的

① 在今河北平乡西南。

各诸侯国请求救援。

　　章邯率领的秦军很快追来了，他派大将王离领兵将巨鹿包围了起来，自己则率领大军驻扎在城南。为了保证粮草供给，章邯修筑了运粮甬道，兵精粮足的王离于是加紧攻打巨鹿。巨鹿城危在旦夕。

　　这时齐国使者高陵君显刚刚抵达楚国，他在觐见楚怀王时说："宋义断定武信君的军队必败，没过几天，项军果然大败。可见宋义很懂兵法！"楚怀王于是任命宋义为上将军，项羽为次将，范增为末将，领兵去援救赵国。

　　公元前207年，宋义率领楚军到达安阳①后，便按兵不动。这样过了四十六天，宋义依然没有命令军队开拔。赵国连接派人前来请求楚军火速前进，但宋义置之不理。

　　项羽看在眼里，心急如焚，问宋义："赵国危急，我军为什么长期驻扎在这里？"

---

① 今属河南。

宋义爱搭不理地说道："时机不成熟，再等等。"

项羽一听，更急了，质问道："救赵如救火，我们应该火速前进，渡过黄河，与赵军内外夹击，必能打败秦军！再耽搁下去，巨鹿就要被秦军攻破啦！"

宋义白了项羽一眼说道："不！秦军哪怕攻下巨鹿，也一定损兵折将、疲惫不堪，我们趁那时发起进攻就能轻松取胜。秦军若攻不下巨鹿，两军呈胶着状态，我们就率军西进直抵秦地，必能克秦。所以现在，我们不妨让秦、赵两军先斗上一阵子，然后我们再坐收渔翁之利。"

宋义见项羽还要争辩，便接着说："冲锋陷阵，我不如你，但论运筹帷幄、制定战略，你不如我。"他怕项羽擅自行动，立即向全军下达命令："不服从指挥者，一律处斩！"

齐国见宋义手握兵权，便想讨好他，邀请他的儿子宋襄去齐国为相。宋义大喜，亲自把儿子送到无盐县，并大摆宴席招待宾客。

当时天气寒冷，又遇大雨，士兵们饥寒交迫，项羽便对手下亲信说："现在荒年收成不好，百姓贫困，士兵们吃不饱，军中也无存粮，上将军竟然还摆酒设宴！不领兵渡过黄河，取赵地的粮食作给养，与赵军合力击秦，却说什么等秦军疲惫再发动进攻，坐收渔翁之利。秦军若是攻下巨鹿，势必更加强大，哪里还会有疲惫的机会可趁？到那时，秦军肯定掉转头来攻打我们。我军将士又饥又寒，哪里抵挡得了秦军的攻势？况且我军刚刚吃了败仗，楚王坐立不安，集中全国的兵力交付给他。楚国的安危，可以说在此一举。不体恤士兵，只图一己私利，上将军不是以国家为重的忠臣啊！"

亲信听了，都表示赞同，问项羽："将军您觉得我们现在该怎么办？"项羽让他们凑近些，然后压低声音说了些话，众人纷纷点头。

第二天一大早，项羽就去见宋义，要求他立即率兵渡河。宋义大怒，呵斥项羽。项羽一个箭步冲上去，拔剑砍向宋义，宋义的人头瞬间落地。项羽提着宋义的头，走出大帐，对围上来的将士们说："宋义勾结齐国，密谋反楚，楚王密令我杀了他！"

众将领早就不满宋义，一致说道："拥立楚王的本是将军您叔侄二人，如今又是您诛杀了乱臣贼子。"于是共同推立项羽为代理上将军。项羽立即派人去追杀宋义的儿子宋襄，并让人向楚王报告情况。楚怀王见事已至此，便让项羽担任了上将军。

一接到任命，项羽立刻派部将黥布领兵两万渡过黄河，直扑秦军。秦军没料到楚军会突然来袭，被打了个措手不及。随后，先行渡河的楚军守住渡口，掩护项羽大军渡河。一过河，项羽便下令凿沉所有船只，砸碎全部锅灶，每人只带三天口粮。此举大大激励了楚军的士气，个个摩拳擦掌，准备与秦军决一死战。

项羽决定兵分三路进发：一路负责切断秦军运粮的甬道；一路佯攻驻扎在巨鹿城南的章邯军队，阻止他增援王离；一路则由自己亲自率领前去攻打王离，解巨鹿之围。

进攻的命令一下，楚军士兵无不以一当十，呐喊着冲向王离军队。秦军也知道胜负在此一战，也都拼了命地厮杀。一时间，巨鹿城外，尘土蔽日、杀声震天，经过九次殊死交锋，双方仍然打得难解难分，胜负未定。就在这时，王离大营方向的上空突然火光冲天，原来是项羽趁两军酣战之际，派人偷袭了王离的大营。王离大惊，一个分神被项羽挑翻在地，活活被擒。秦军一见主将被俘，顿时慌了神，纷纷逃窜。楚军趁势掩杀上去，把秦军打了个落花流水。

驻扎在城南的章邯在范增率领的楚军的几次佯攻下，认定对方是在引诱自己出击，便固守营寨不出，直到远远地看到王离的大营火起，才明白自己中计了，连忙指挥秦军出营救援。眼看秦军就要冲破楚军的防线，刚解巨鹿之围的项羽掉转头来支援范增。又是一阵昏天黑地的厮杀。楚军凭着一股锐气拼死冲杀，硬是把章邯的军队打得节节后撤。

战报传到咸阳宫中，秦二世大怒，派人责问章邯。章邯很害怕，遣长史司马欣前去解释。司马欣抵达咸阳后，在皇宫的外门逗留了三天，赵高就是不见。司马欣见势不妙，抄小路奔回军中。赵高果然派人追杀，但是没追上。

司马欣回到章邯军中，报告说："赵高专权，如果打胜了，他必定忌妒我们的功劳，打败了更是难逃一死。希望将军早做打算！"

这时陈馀也写信给章邯说："白起、蒙恬都是秦国的大将，攻城夺地，立下赫赫战功，最后却都不得好死。这是为什么呢？就是因为功劳太大，遭人忌妒陷害。那赵高既忌妒你的功劳，更想嫁祸于你，逃脱他的罪责。有功要被杀，无功也要被杀，难道不是很可悲吗？"权衡再三后，章邯最终投降了项羽。

巨鹿被围时，赵国向各诸侯国求援，却没有一支诸侯军敢与秦军交锋。项羽率领楚军与秦军激战时，他们都只敢远观，不敢前去援助。等到楚军打败秦军后，各诸侯军将领去见项羽时，一到楚军大营门前便跪下，战战兢兢地匍匐爬行，不敢仰视项羽。经此一战，项羽名声大振，被各国拜为上将军，各国兵马都归他统率。

14

血溅望夷宫

咸阳城的皇宫里，笙歌燕舞，鼓乐齐鸣，秦二世依然在逍遥快活地享受着。突然，一声奏报打断了他的享乐："前方传来紧急军情！"

秦二世很不高兴，却也无可奈何，挥了挥手，把乐师和舞女遣了下去。只听来人说："王离被俘，章邯投降，我军大败！"

"什么?!"秦二世被这个消息惊得跳了起来，手中的酒杯被摔了个粉碎。"章邯竟敢背叛朕！这个叛徒！"他暴跳如雷。"快传丞相！"

然而，秦二世左等右等也不见赵高前来。原来，之前赵高一直对秦二世说"关东的盗贼成不了大事"，可如今王离被俘，章邯投降，函谷关以东的秦朝官吏纷纷倒戈，起义军的声势越来越浩大，尤其刘邦都打到武关来了。赵高害怕秦二世怪罪，便称病不敢去见他。

秦二世见赵高竟然在这个时候躲起来，便大发雷霆，派人去斥责赵高："你不是说那些盗贼不过是鼠窃狗偷之辈，成不了事吗？为什么现在闹得这么大？"

赵高愈加害怕，他知道眼下的形势并非他能扭转的，担心秦二世一怒之下杀了自己。左思右想后，他决定先下手为强，于是把女婿、咸阳县令阎乐，以及弟弟赵成一块找来，商议说："皇上整日玩乐，不听劝谏，如今盗匪猖獗，又想把责任推到我的头上。我想废了他，改立他的侄子子婴①。"三人一嘀咕，很快想出了一条毒计。

这天，秦二世因为梦见一只白虎咬死了他的马，

---

① 关于子婴的身份，史学界还有其他说法，认为他是秦始皇的弟弟或侄子，所以才能在胡亥清除兄弟姐妹时存活下来。

闷闷不乐，询问占梦人。占梦人卜测后说："是泾水①神在作祟。"于是秦二世就在望夷宫实行斋戒，将四匹白马沉入河中，祭祀泾水神。

到了夜里，宫内突然有人大喊："有贼！有贼！"顿时，火把齐明，喊声震天。而宫外，阎乐率领一千多人手持兵器，把秦二世所在的望夷宫团团围了起来。宫门前的卫兵们被眼前的阵势吓蒙了，一个个你看我，我看你，不知所措。

只听阎乐厉声喝道："盗贼进去了，为什么不阻拦？"

领头的卫兵疑惑不解地说："宫墙周围都安排了巡逻队日夜巡视，防守非常严密，怎么可能会有盗贼溜进去，而我们却不知道……"

然而，没等他说完，阎乐突然手起刀落，砍下了他的脑袋。其他卫兵见势不妙，都不敢上前阻拦。随后，阎乐带领手下人马径直闯进宫去，一路上见一个

---

① 渭河的支流。

杀一个，宫人们惊恐万状，纷纷逃命，有几个胆大的试图反抗，却立刻被杀死。

此时的秦二世正在寝宫歇息，听到外面的喧哗声，起身待要询问，突然一支箭"嗖"地射来，正中帷帐，吓得他魂飞魄散，大喊道："快来救驾！"就在这时，在赵成的引领下，阎乐等人手持弓箭冲了进来。

秦二世顿时怒不可遏，指着赵成骂道："大胆赵成，竟敢擅闯朕的寝宫，来人啊，给我拿下！"侍卫们早已吓得面如土色，哪里敢上前格斗，反而向外逃窜。秦二世见身边的侍卫一个个自顾逃命，无奈之下只好往内室里跑，只有一名宦官跟在他后面。

进到内室，秦二世凄惶地对那名宦官说："看来只有你一个人对朕是忠心的，可你为什么不早点儿告诉朕他们怀有二心呀，不然何至于到今天这个地步啊！"

那名宦官哭丧着脸说道："正因为我没有说，所以才活到现在，否则早就被他们杀了！"

很快，阎乐就带着人追了进来，秦二世壮着胆子喝道："朕乃天子，你竟然弑君！"阎乐用剑指着秦二世，一边逼近，一边数落道："你这个无道昏君，残暴骄横，滥杀无辜，天下人都恨透了你，我不过是替天行道。你死到临头，还有什么可说的！"

秦二世一下子蔫了，惶恐地问道："我可以见到丞相吗？"

阎乐哼了一声："不行！"

秦二世黯然道："我愿意做个郡王。"

阎乐冷笑道："不行！"

秦二世垂泪乞求："那么做个万户侯吧！"

阎乐把脸一扭："不行！"

秦二世连忙伏在地上，带着哭腔喊道："那我带着妻子儿女去做平民百姓，这总可以吧？"

阎乐不耐烦地说道："我奉丞相的命令，为天下人来杀你，你说再多也没用。"说完就命令手下人动手。秦二世见活命无望，只好拔剑自刎而死。这一年是公元前207年。

赵高得知秦二世已死，长长地舒了口气。他立即进宫，把众大臣和公子们召集到一起，告诉他们诛杀秦二世的经过，然后说道："胡亥德不配位，理应得此下场。但国不可一日无主，子婴为人仁义俭朴，深得百姓拥戴，可以继承大位。不过，秦国原本就是一个王国，始皇帝统一了天下，才开始称帝。现在六国复国，秦国的地盘越来越小，再称帝就显得不合时宜，应该像过去那样称王。"赵高此举其实是为了日后自己篡位做准备，但众人不敢提出异议，于是子婴便被立为秦王，秦二世则以普通百姓的礼仪被安葬。

当初，秦二世想杀蒙恬兄弟二人时，子婴曾劝他："赵王迁杀李牧而用颜聚，齐王建杀前代的忠臣而用舅舅后胜，最终都亡了国。蒙恬兄弟是秦国的重臣，陛下却要一下子就把他们除掉。像这样诛杀忠臣而扶立品行不端的人，在内会失去群臣的信任，在外会使将士们丧失斗志，于国于民都不是好事啊！"由此可见子婴的为人。

做公子时，子婴就已经耳闻目睹了赵高的种种罪行，他知道赵高把自己推上王位，不过是想找个傀儡罢了，如果不想重蹈胡亥的覆辙，必须先下手为强。

九月，赵高让子婴斋戒，然后到宗庙参拜祖先，接受国君的印玺。子婴顺从了，斋戒五天后，他把两个儿子找去商量说："赵高在望夷宫杀了二世皇帝，害怕群臣说他谋逆，才假惺惺拥立我为王。我听说赵高曾经与楚军约定，做他们的内应，等消灭秦国宗室之后，在关中分别称王。他让我斋戒，然后到宗庙参拜祖先，一定会在此期间找机会杀我。我若托病不去，他势必亲自前来请我，他自以为没人敢动他，所以不会设防，到时候我们就伺机杀掉这个祸害。"

　　过了几天，赵高先后派了几批人去请子婴赴宗庙参拜，子婴就是不动身。赵高果然亲自前来催请，他见子婴躺在榻上，一副病恹恹的样子，便问道："参拜宗庙是很重要的事情，大王您为何不去啊？"

　　子婴缓缓答道："我身体不舒服，想推迟几天再去参拜。"

　　赵高有些不高兴："吉时已定，不宜更改，否则于社稷不利，还是请大王……"

　　没等赵高说完，躲在帷帐后面的子婴的两个儿子和几十名宦官突然冲了出来，手持兵刃将赵高团团围住。赵高大惊，知道不好，立即转身往外跑，还没走出几步，一个名叫韩谈的宦官眼疾手快，一个箭步冲了上去，挺剑刺中他的后背。赵高应声倒下，众人一拥而上，将他砍成了肉泥。

子婴又召群臣进宫，历数了赵高的罪孽，下令诛杀赵高三族。临危受命的子婴很快就展现出自己的才干和魄力，他迅速调兵遣将，增援秦军，阻击刘邦的军队。然而大势已去，秦朝的灭亡只是时间问题。